経済学宣言

Yutaka Kurihara

栗原　裕

DECLARATION OF ECONOMICS

学文社

はじめに

　本書ははじめて経済学を学ぶことを念頭においたテキストです．なぜ経済学を学ぶ必要があるのか，まず考えてみましょう．

　日本では，高齢化社会の到来，終身雇用制や年功序列制の廃止といった動きが進行，定着しつつあります．それによって，自らの責任と意思で物事を決定する期間と機会が増加しています．皆さんには，合理的な意思決定を行う判断力，実際の経済・社会に対するより大きな理解，政策的課題の検討・解決などが一層求められています．

　経済学の代表的な考え方の1つに，予算制約の下で最適な消費の組み合わせを決定するという事柄があります．こうした選択をすることは，日常生活では多々あります．合理的な意思決定を行うことは経済学の最重要テーマですが，その一方で，暖かい心を持った，cool head／warm mind の精神を涵養することが求められます．

　こうした意図もあり，『経済学・宣言』というタイトルを付けました．これから経済学を専門的に勉強する皆さんはもちろん，経済学部以外の学生諸君，社会人の皆さんにも，経済学を勉強する利点は大きいと思います．

　筆者が出版した『グローバル時代のビジネス・政策デザイン』（有斐閣アカデミア）と比べると，この本はやや理論的な色彩が強くなっています．理論は一見すると現実と乖離しているような印象を持たれがちですが，学問的思考方法に触れ，それを少しでも身に付け，知的探求の訓練をすることは有意義なことです．理論がしっかりしていると，応用的な勉強もより効率的で中身の濃いものが可能になります．

　このテキストは合計4単位，すなわち週1回なら通年，週2回なら半期で完結する講義を前提にしています．テキストは，最初から飛ばさず読んでください．もちろん，ミクロ経済学（第Ⅰ部）とマクロ経済学（第Ⅱ部）については，いずれかを先に読んでもかまいません．練習問題も多めに取り入れました．こ

れらにもすべてチャレンジしてください．練習問題は星の数が増えるほど（☆は最大3つまで），難易度が高くなります．復習となる問題も用意しました．

　説明は，できるだけ平易にするよう心がけました．数式は少なく，図を用いるなど，視覚で経済の動きが理解できるような説明にウェートを置きましたが，精緻な証明には数式は不可欠です．詳しい数式については，他書を参考にしてください．ただ，筆者の大学での講義では，一般的な他大学での講義よりもレベルをあえて高くしており，このテキストも同様です．皆さんに一言，学習の秘訣を述べるとすれば，「予習」です．他の分野，教科にも言えることでしょうが，この励行に努めてください．予習をするのは語学の講義だけではありません．

　最後になりますが，研究指導をいただいている天野明弘先生はじめ，諸先生方に感謝申し上げます．荒川光正先生からは教授内容に関しご教唆を賜りました．また，この本の作成にあたり，学文社の田中千津子氏には多くのご助力をいただきました．記して感謝申し上げます．なお，この本を利用している多くの皆さんは大学1年生と思いますが，筆者は初年次の学生の皆さん向けに『知への作法』（有斐閣アカデミア）を出版しています．レポートの書き方などに利用してください．さらに，英語で経済学の勉強を始めたい人には，『Studying the Japanese and World Economies』（朝日出版社）を勧めます．
学生生活がより充実したものになることを期待しています．

平成18年6月　　　　　　　　　　　　　　　　　　　　　　栗原　　裕

目　次

第Ⅰ部　ミクロ経済学

第1章　消費者行動の理論 ── 2
 1　無差別曲線と予算制約線 ── 2
 2　消費者の効用最大化 ── 4
 3　需要曲線の導出 ── 6
 4　所得効果と代替効果 ── 8

第2章　生産者行動の理論 ── 11
 1　費用とは ── 11
 2　費用関数の形状 ── 11
 3　最適な生産量の決定 ── 14
 4　供給曲線の導出 ── 16

第3章　競争市場 ── 20
 1　完全競争市場とは ── 20
 2　市場均衡 ── 20
 3　余剰分析 ── 22
 4　安定分析 ── 24

第4章　不完全競争市場 ── 29
 1　独占市場 ── 29
 2　独占と余剰 ── 33
 3　寡占市場とゲーム理論 ── 34
 4　独占的競争と製品差別化 ── 37

第5章 市場の効率性 ──── 40
　1　パレート効率 ──── 40
　2　市場の失敗 ──── 41
　3　余剰分析 ──── 43

第6章 国際貿易 ──── 46
　1　貿易の利益 ──── 46
　2　貿易政策 ──── 50

第7章 リスクと選択 ──── 54
　1　リスクと期待効用仮説 ──── 54
　2　不完全情報市場 ──── 58

第2部　マクロ経済学

第8章 国民所得とは ──── 62
　1　国民所得の内容 ──── 62
　2　三面等価の原則 ──── 63
　3　代表的な経済指数 ──── 64

第9章 均衡所得の決定 ──── 66
　1　所得決定の考え方 ──── 66
　2　消費関数 ──── 66
　3　投資関数 ──── 68
　4　均衡国民所得 ──── 69
　5　需要の変化と乗数効果 ──── 70

目 次

第10章 IS-LM 分析 ———————————— 73
1. 貨幣需要と貨幣供給 ———————————— 73
2. IS 曲線 ———————————————————— 74
3. LM 曲線と所得・金利の決定 ——————— 75
4. 金融・財政政策 ———————————————— 78
5. IS-LM 曲線による金融・財政政策の効果 —— 82

第11章 インフレーションと予想 ———————— 87
1. 総需要関数と総供給関数 ———————————— 87
2. フィリップス曲線とインフレ供給曲線 ———— 90
3. インフレ需要曲線 ———————————————— 92
4. 短期均衡と長期均衡 —————————————— 93
5. 合理的予想モデル ——————————————— 94

第12章 オープンマクロ経済学 ———————— 96
1. 変動相場制の下での金融・財政政策 ———— 96
2. 固定相場制の下での金融・財政政策 ———— 99
3. 為替レートの決定理論 ———————————— 101
4. 国際収支の決定理論 ————————————— 104

第13章 景気循環と経済成長 ————————— 108
1. 景気循環 ——————————————————— 108
2. 経済成長 ——————————————————— 109

第14章 日本経済 ——————————————— 111
1. バブルの発生から崩壊へ ——————————— 111
2. 未曾有の不況 ————————————————— 112
3. 量的緩和,インフレーション・ターゲティング —— 112

付録　数学公式 —————————————————— 115
参考文献 ——————————————————————— 117
索　引 ———————————————————————— 118

第 I 部

ミクロ経済学

第1部はミクロ経済学です．ミクロ経済学は，消費者，企業といった個別の経済活動とそれらが経済取引を行う市場に注目します．国際経済学，金融論，産業組織論，環境経済学，公共経済学など，経済学の応用分野を学ぶ上の基礎的な学問領域としても位置付けられます．やや現実と乖離している印象を持たれがちですが，理解できれば非常に興味深い学問分野であることに気付くはずです．

第Ⅰ部　ミクロ経済学

第1章　消費者行動の理論

1 無差別曲線と予算制約線

わたくしたちの行動を表す，消費者行動の理論から学びましょう．

最初に学ぶのは無差別曲線（indifference curve）という概念です．消費者が消費から得られる満足の度合いを効用と呼びますが，同じ効用をもたらす財の組み合わせ（以下の例では衣料と食料）が無差別曲線です．図1-1を見てください．無差別曲線 C_1 では衣料 c_a 個，食料 f_a 個の組み合わせのA点と，衣料 c_b 個，食料 f_b 個の組み合わせのB点の満足度が同じことを示しています．

無差別曲線は必ず右下がりになります．効用が同じであるためには，一方の財の消費量が増えれば，同じ満足度になるためには，他方は減るからです．また，財（衣料および食料）が多いほど満足度は高くなりますから，原点より遠い無差別曲線 C_2 は C_1 より効用が大きくなります．

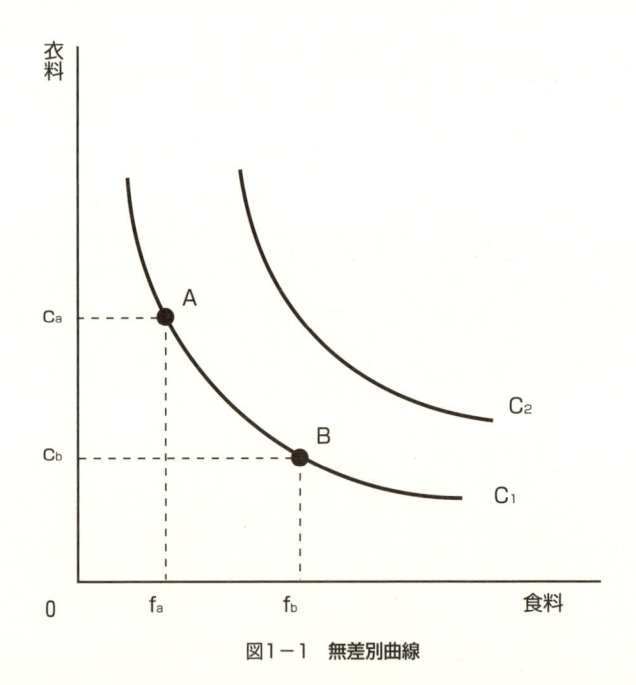

図1-1　無差別曲線

無差別曲線の傾きは限界代替率と呼ばれます．限界代替率（MRS）とは，一方の財の消費を1単位増加させたとき，同一水準の効用を保つ場合，犠牲にしなければならない他方の財の消費を表します．図1－2で，限界代替率は（$-\Delta c/\Delta f$）です．衣料が多く食料が少ないA点では，食料は希少品であり価値が高いので，食料をΔf増やすために犠牲にする衣料の量Δcは多くなります．

　また，衣料が少なく食料が多いB点では，食料は満ち足りており価値が低いので，食料をΔf増やすために犠牲にする衣料の量Δcは少なくなります．このように，一方の財の消費が多いほど，他方の財で測った価値は下がります．これを限界代替率逓減の法則と言います．通常の無差別曲線ではこの法則が当てはまります．

　次に予算制約線を考えます．予算制約線とは一定の予算制約を表す線です．例えば，食料の価格が500円，衣料の価格が2000円，予算が10000円あるとして，食料の個数をx,衣料の個数をyとするとき，予算制約式は次のようになります．

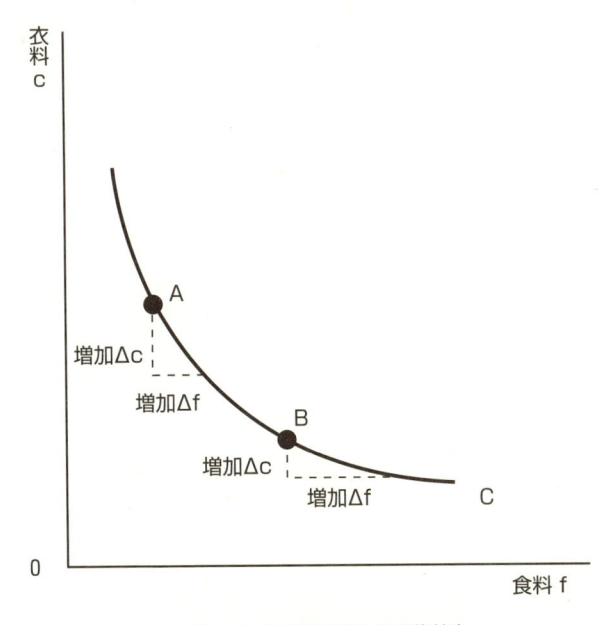

図1－2　無差別曲線と限界代替率

$500x + 2000y = 10000$（あるいは $y = -(1/4)x + 5$ です．傾き（絶対値）$= 1/4$ が価格比 500/2000 になっていることに注意してください．

このように，予算制約線は，各財の消費量を縦軸，横軸にとると，図1-3のように右下がりの直線になります．消費者が選択できる財の組み合わせは，予算制約線と両軸で囲まれた三角形の範囲ですが，予算を目いっぱい使用する線上の点が選択されることになります．

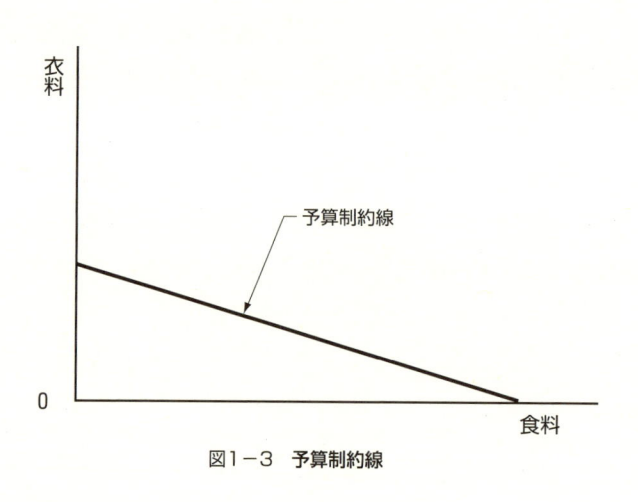

図1-3　予算制約線

2　消費者の効用最大化

消費者は予算の制約と財価格の条件下で最大の効用が得られるよう行動します．すなわち，原点より最も遠い無差別曲線上の点でかつ予算制約線上の点で消費を決定します．それは，無差別曲線と予算制約線が接する点になります．そこでは，無差別曲線の傾きの絶対値である限界代替率と，予算制約線の傾きの絶対値が等しくなっています．図1-4で確認してください．本章の理論は経済学，なかでもミクロ経済学の中核的な分野です．以下の練習問題で理解を確実にしてください．

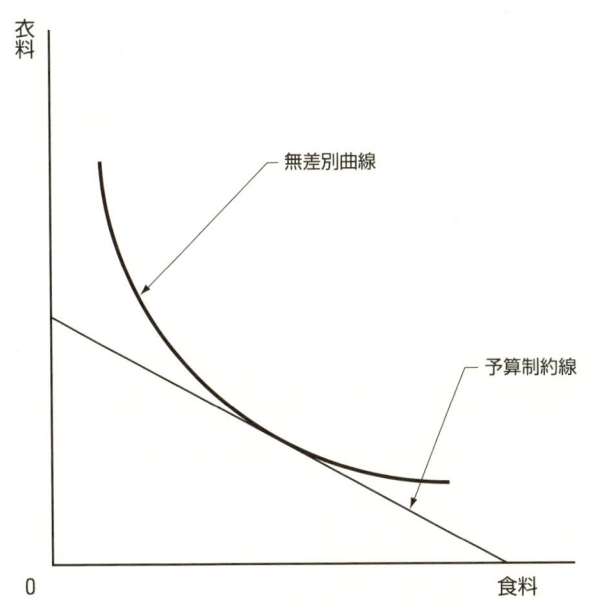

図1-4　無差別曲線と予算制約線

練習問題－1

難易度：☆

問題 2財X, Yの消費量を x, y とするとき，効用関数 u が $u = u(x, y) = x \cdot y$ で与えられているとします．またX財の価格は20, Y財の価格は10, 所得は6000です．このときこの消費者が効用最大化を求めるとすれば，それぞれの消費量はどれだけでしょうか．

解答 $20x + 10y = 6000$ より $y = -2x + 600$．ゆえに $u = x \cdot y = (-2x+600)x = -2x^2 + 600x$．$du/dx = -4x + 600 = 0$ を解いて，$x = 150$, $y = 300$．注：この点における限界代替率 $dy/dx = -2$（絶対値は2）は価格費 20/10 に等しくなっています．

練習問題－2

難易度：☆☆

問題 同じく効用関数が $u = u(x, y) = x \cdot y$ で与えられているとします．X財の価格は20, Y財の価格は10です．この消費者はX財を200個，Y

財を100個保有しているとしましょう．このとき消費者はもし可能であるとすれば市場でどのような売買を行うべきでしょうか．

解答　予算制約式は，$20x + 10y = 5000$です．$y = -2x + 500$を効用関数に代入してそれを最大化すると$x = 125$，$y = 250$になります．ゆえにX財を75個売却，Y財を150個購入すべきです．

練習問題－3　　　　　　　　　　　　難易度：☆☆（公務員試験改題）

問題　2財X，Yの消費量をx，y，効用関数を$u = u(x, y) = x \cdot y$とします．この個人の所得は200で，当初XとYの価格はともに20とします．ここでX財の価格が18，Y財の価格が8に変化したとき，効用水準を価格の変化前と同じにするには，所得をどれだけ変化させればよいですか．

解答　もともとの効用の大きさを考えましょう．$20x + 20y = 200$です．この式を$y = -x + 10$の式に改め効用関数の式に代入すると，$u = x \cdot y = x(-x + 10)$．これを$x$で微分してゼロとおくと$x = y = 5$になり，効用$u = x \cdot y = 25$，$y = 25/x$が出てきます．新しい予算制約式は$18x + 8y = z$（$z$は所得）です．効用関数の限界代替率$dy/dx = 25x^{-2}$が価格比（18/8）に等しいとおくと，$x = 10/3$，$y = 15/2$を得ます．所得の式に代入すると所得は120になりますから，正解は80（減少）です．

3　需要曲線の導出

　価格の変化が発生すれば，需要が変化することは直感的にわかるでしょう．その関係をきちんと理論的に導いてみましょう．図1-5で，食料の価格が下落すると予算制約線が①→②→③のように変化します．予算制約線の傾きは緩やかになり，衣料軸との切片は変化しません．それぞれの価格に応じた最適な消費の組み合わせは，前節で学んだように，予算制約線と無差別曲線の接点として求められます．それらの点を結んだ曲線が価格消費曲線と呼ばれるものです．そして縦軸に食料の価格をとって図を書き直すと需要曲線を導くことがで

きます．このように，価格と需要量の関係について，想像通りの結論を導くことができました．

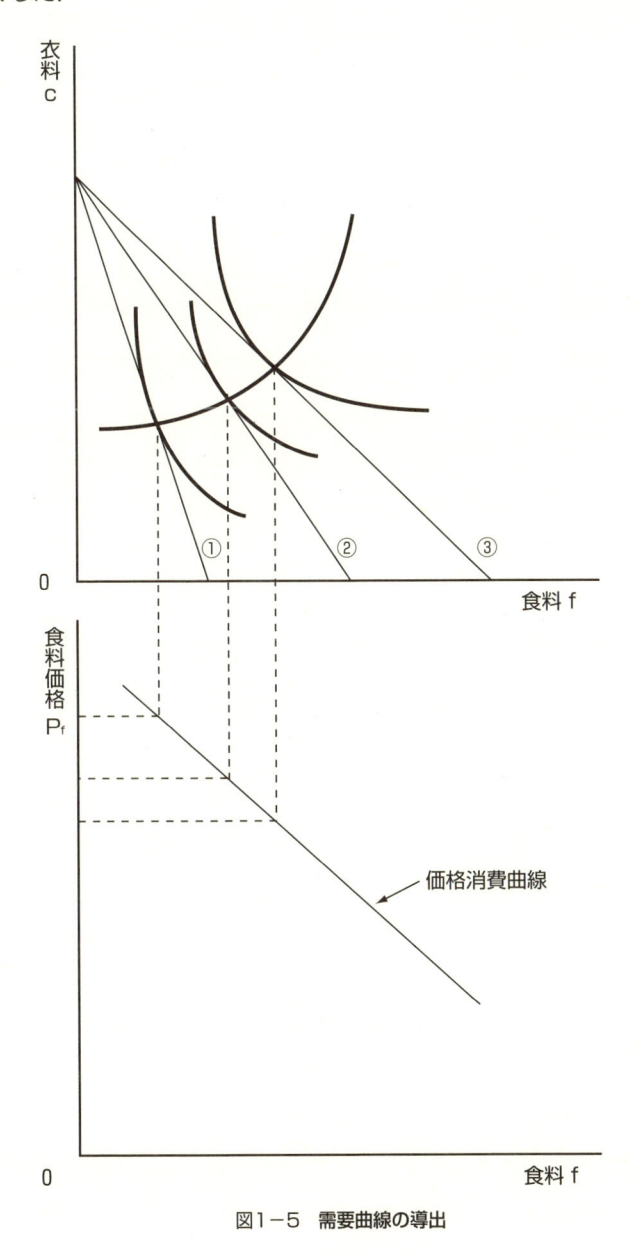

図1-5 需要曲線の導出

4 所得効果と代替効果

前節の応用です．価格が変化したときに需要量がどのように変化するのか，それを示すのが所得効果と代替効果です．図1-6を用いて説明しましょう．

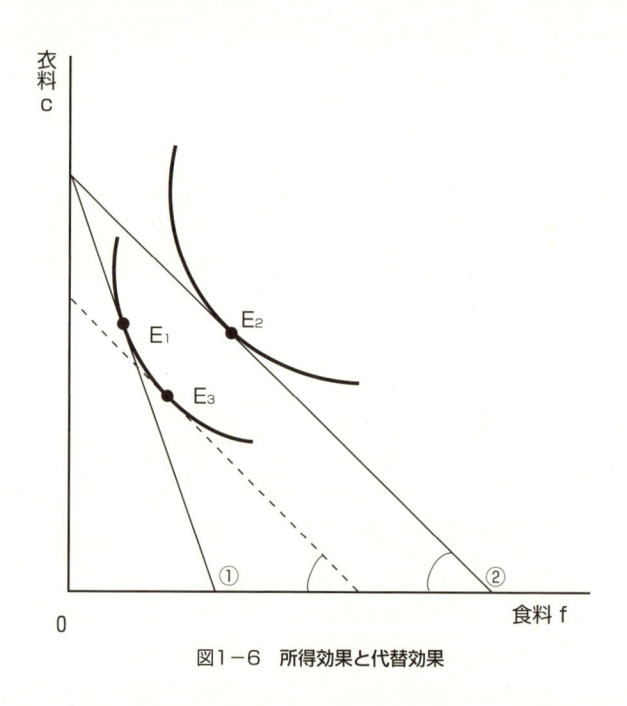

図1-6　所得効果と代替効果

前節と同様，食料の価格が下落すると予算制約線が①から②に変化します．すると均衡点は E_1 から E_2 に移ります．無差別曲線は右上にシフトしています．

ここで，もとの無差別曲線に接しかつ新しい予算制約線に平行な線を引き，もとの無差別曲線との接点を E_3 とします．価格下落による変化は，E_1 から E_2 ですが，それを E_1 から E_3 と E_3 から E_2 への変化に分けて分析します．E_1 から E_3 への変化は，価格の相対的な変化によるもので効用には変化がありません．こうした効果を「代替効果」と言います．一方，E_3 から E_2 は所得の変化によるものと考えられますから，それを「所得効果」と言います．

やや細かい概念の紹介もしましょう．需要量の変化率を所得の変化率で割った値を「需要の所得弾力性」と言います．式で表わすと，X を需要量，Y を所得，

Δを微小変化とするとき，需要の所得弾力性は$(\Delta X/X)/(\Delta Y/Y)$で表されます．需要の所得弾力性とは，所得が1%変化した場合に需要量が何%変化するかを示すものです．

所得の増加にともない需要量が増加する財を上級財，減少する財を下級財，あるいは劣等財と言います．さらに，上級財のうち，需要の所得弾力性が1以上の財を贅沢品，1以下の財は必需品と呼ばれます．劣等財のうち，財の価格低下によりその財の需要が低下する財をギッフェン財と言います．

価格に変化がなく所得のみが変化したとしましょう．図1-6と異なり，図1-7a，1-7bのように，予算制約線の傾きに変化はなく，両軸との切片の変化のみが起こり，右へ平行移動します．それによりもちろん需要も変化します．所得変化が発生した場合の最適な消費点を結んだ曲線が所得消費曲線です．図1-7aはいずれも上級財のケース，図1-7bは衣料が上級財，食料が下級財のケースです．

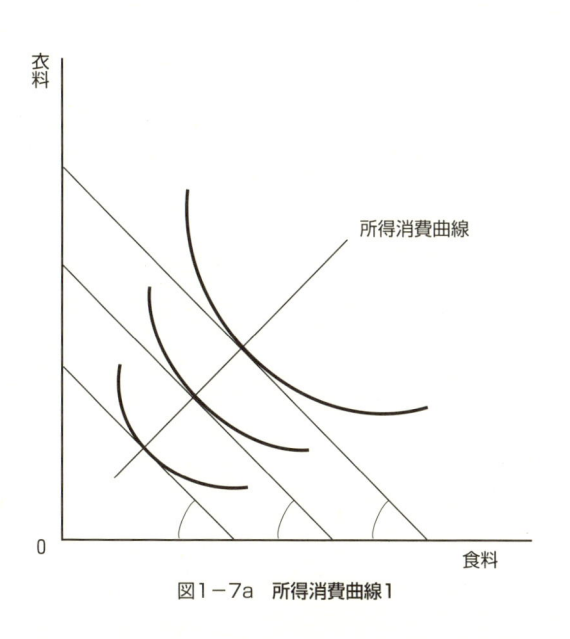

図1-7a　所得消費曲線1

第Ⅰ部 ミクロ経済学

図1-7b　所得消費曲線2

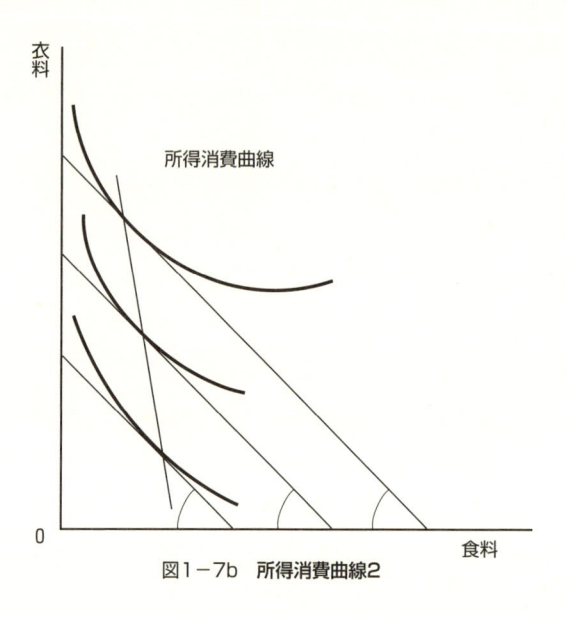

練習問題-4

難易度：☆☆（公務員試験改題）

問題 ある個人の効用関数を $u = x(y+10)$ とします．ただし，u：効用水準，x：X財の消費量，y：Y財の消費量とします．このときXは上級財であることを証明してください．

解答 所得を z，X財の価格を P_x，Y財の価格を P_y とします．すると，$y = (-P_x x + z)/P_y$ になります．これを効用関数 u に代入して x で微分してゼロにすると $x = (z/2P_x) + (5P_y/P_x)$．この式より z が増加すると x が増加するので上級財．

第2章　生産者行動の理論

1 費用とは

　第1章の内容は理解できましたか．やや現実離れしている印象を持った人もいるかもしれませんが，「理論的に考察する」おもしろさをぜひ味わってもらいたいと願っています．

　消費者行動の次は生産者です．まず，生産者が生産活動を展開する上で直面する費用の問題から学びましょう．

　生産者に課される費用の合計を総費用（TC：total cost）と呼びます．これを y の関数，$TC(y)$ と表現することにしましょう．ここで y は生産量です．$TC(y)$ は TC が y に影響されることを意味しています．逆ではありませんので注意してください．この総費用は，生産量と関係ない固定費用（FC：fixed cost）と生産量に依存して変化する可変費用（VC：variable cost）の2種類に分けられます．固定費用のイメージがわかない人がいるかもしれませんが，生産活動のための土地やオフィスの賃貸料などがその例と考えてよいでしょう．

　以下，代表的な費用の概念を説明します．平均費用（AC：average cost）は $TC(y)/y$ で表されます．総費用を生産量で割ったものです．同様に，生産物1単位あたりの可変費用と固定費用はそれぞれ，平均可変費用（AVC：average variable cost），平均固定費用（AFC：average fixed cost）と定義され，可変費用，固定費用を生産量で割ることで得ることができます．式で表すと $VC(y)/y$，FC/y になります．

　最後に生産物1単位を追加的に作るために必要な費用を限界費用（MC：marginal cost）と言います．以下，限界費用という概念は何度も出てきます．限界という言葉のイメージがわかない人がいると思いますが，1という数字を想起してください．

2 費用関数の形状

　次に前節で説明した各費用関数の形状と相互関係について図で説明します．

図2-1上図で縦軸は費用, 横軸は生産量です. 総費用 (TC) は, 生産量が増えれば総費用も増えるので, 右上がりの曲線になりますが, 図では, 曲線の傾きは次第に緩やかになり生産量 y_a を過ぎると急になっています.

固定費 (FC) は生産量に関らず一定値 (図では P_c) ですから水平線となります. これに可変費用 (VC) を加えたものが総費用 (TC) です. 総費用曲線上の任意の点Pと原点を結んだ直線の傾き (図では a) は $TC(y)/y$ ですから平均費用を示します. 図では, 原点より TC 曲線上の点に引いた接線の接点の生産量 y_c で, 平均費用が最低となります. 図2-1下図を参照してください.

ここで, 固定費用直線と縦軸との交点を P_c とし, P_c と点Pとを結んだ直線と固定費用の直線 (水平線) との角度を β とします. それは $VC(y)/y$ ですから, この直線の傾きは平均可変費用を表わします. 図では, P_c 点より TC 曲線上の点に引いた接線の接点の生産量 y_b で, 平均可変費用が最低となります. (図2-1下図).

次に, TC 曲線上の任意の点Pで, TC 曲線に引いた接線の傾き, dTC/dy は, 「y が1単位増加したときに $TC(y)$ が増加する分」を示しています. それは何だったでしょうか. 限界費用 (MC) でした.

$TC(y) = FC + VC(y)$

$FC = $ 一定

ですから,

$dTC/dy = dVC(y)/dy$

したがって, MC は可変費用を生産量 y で微分しても同じ値となります. このことから, 生産量 y_b で, MC と AVC は同一の値となります.

図2-1下図は生産量 y_a, y_b, y_c (上図) に対応する AC, AVC, MC をプロットしたものです.

上述のように, MC は $TC(y)$ 曲線上で曲線に引いた接線の傾きですから, MC 曲線は, この傾きが最低となる生産量 y_a まで右下がりで, それを過ぎると右上がりになります.

平均費用, および平均費用の最低点で限界費用曲線が交差することなどを含

め，各曲線の形状と関係を理解してください．

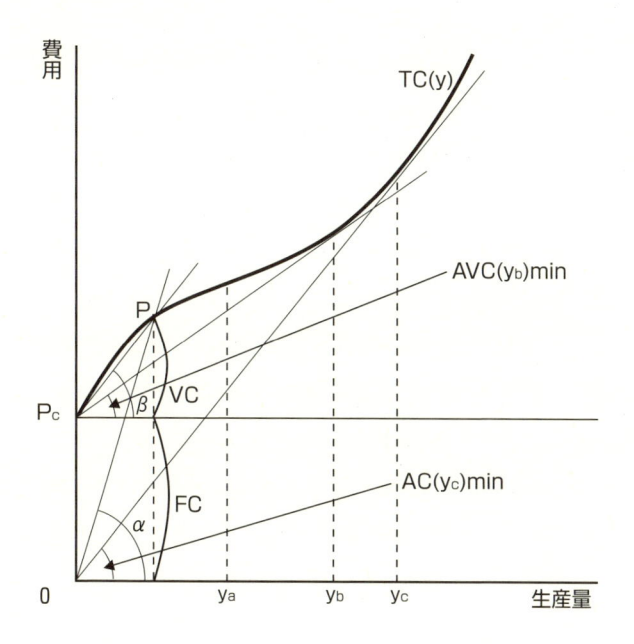

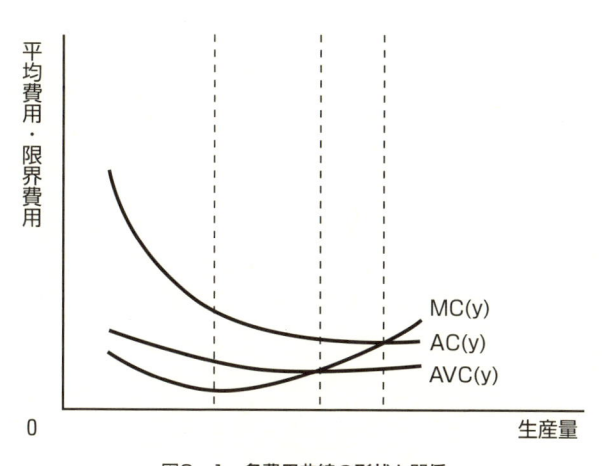

図2-1　各費用曲線の形状と関係

3 最適な生産量の決定

いよいよ企業にとって最重要と言ってもよい，最適な生産量を決める課題に取り組みましょう．独占企業でない限り，ライバル企業との競合で生産物の市場価格は決まっており，自ら変えたくても変えることはできないとし（この状態を経済学では完全競争と言います），一定値 p とします．この場合，企業にとって自らの力でコントロールできるのは費用が主となります．前節で「費用」に注目してきた理由はそのためです．

総費用 $TC(y)$ を生産量 y の関数とすると，利潤は収入マイナス費用ですから，$py - TC(y)$ になります．企業はこの式で表される利潤を最大化させるように生産量を決定します．ここで生産量 y を1単位増加させます．すると収入の増加分は p です．一方，費用の増加は限界費用 $MC(y)$ になります．では，どこまで生産量を増やせばよいか図2-2を用いて説明しましょう．

p が MC より大きければ生産量を増やすべきです．一方小さくなれば生産量は減らすべきです．ゆえに価格 p が限界費用 MC に一致するとき，すなわち p(価格) = MC(限界費用) のときに企業はその利潤を最大化させることがで

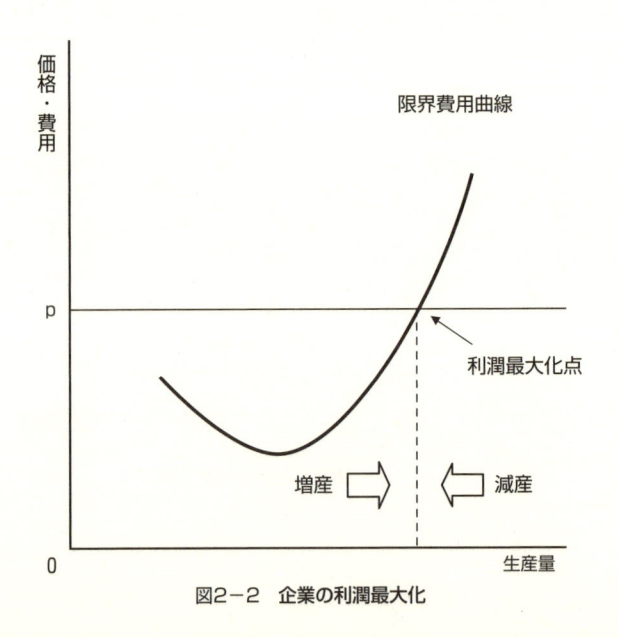

図2-2 企業の利潤最大化

きます.

練習問題－1 難易度：☆

問題 ある企業の生産量が $Q = f(x, y) = 3x^{1/3}y^{1/3}$ で与えられているとします. x, y は生産要素の投入量で, それぞれの生産要素の費用が 20, 10, 財の価格は 60 であるとします. その際の利潤を最大化する生産要素の投入量を求めてください.

解答 P（利潤）= $180\, x^{1/3}y^{1/3} - 20x - 10y$ になります. 右辺第1項は価格×生産量, 第2項以下は総費用です. これを x と y でそれぞれ偏微分して 0 とします.

$60x^{-2/3}y^{1/3} = 20$

$60x^{1/3}y^{-2/3} = 10$

両方の式の比より $y = 2x$. これより x は 54, y は 108.

練習問題－2 難易度：☆☆（公務員試験改題）

問題 ある国で, その国に存在する資本と労働力から x 財と y 財が生産されています. 生産関数は $X = K_x^{1/3} \cdot L_x^{2/3}$, $Y = K_y^{1/2} \cdot L_y^{1/2}$ で示されるとします. ただし, X：x 財の生産量, Y：y 財の生産量, L：各財への労働投入量, K：各財への資本投入量とします. さらに x 財と y 財の価格がそれぞれ 3 と 4 であるとき, 賃金率と資本賃貸率はいくらでしょう.

解答 労働, 資本にはそれぞれ利用可能な量的な制約があります. 最大限利用できる労働を L_m, 資本を K_m とすると, $K_m = K_x + K_y$, $L_m = L_x + L_y$ となります. それぞれの財の利益は, ProfitX（Xの利益）= $P_xX - rK_x - wL_x = P_x K_x^{1/3} \cdot L_x^{2/3} - rK_x - wL_x$, ProfitY（Yの利益）= $P_yY - rK_y - wL_y = P_y(K_m - K_x)^{1/2} \cdot (L_m - L_x)^{1/2} - r(K_m - K_x) - w(L_m - L_x)$ です. ただし, P は価格, w は賃金率, r は資本賃貸率, 添字 x, y は x, y 財の値です. X, Y の利益の最大化条件は, それぞれを L_x と K_x で微分をし, 0 とおくと求められます. $\partial \mathrm{ProfitX}/\partial L_x = (2P_xK_x^{1/3} \cdot$

$L_x^{-1/3})/3 - w = 0$, $\partial \text{Profit} X / \partial K_x = (P_x K_x^{-2/3} \cdot L_x^{2/3})/3 - r = 0$, $\partial \text{Profit} Y / \partial L_x = -(P_y K_y^{1/2} \cdot L_y^{-1/2})/2 + w = 0$, $\partial \text{Profit} Y / \partial K_x = -(P_y K_y^{-1/2} \cdot L_y^{1/2})/2 + r = 0$. 上式に, $P_x = 3$, $P_y = 4$ を代入すると, $w^2 r = 4$, $wr = 4$ になります. ゆえに, $w = 1$, $r = 4$ が正解です.

4 供給曲線の導出

最後に供給曲線を導出しましょう. 1, 2, 3での説明を振り返りながら, 最後まで丁寧に展開を追ってください.

3では企業の最適な生産量を導くために収入マイナス費用という式, すなわち $py - TC(y)$ を考えました. この式を y で割ると $p - AC(y)$ になります. p は販売価格, AC は平均費用でした. また, ここで p は企業が利潤最大化を目指す限り MC (限界費用) になっています. 図2-2を参照してください.

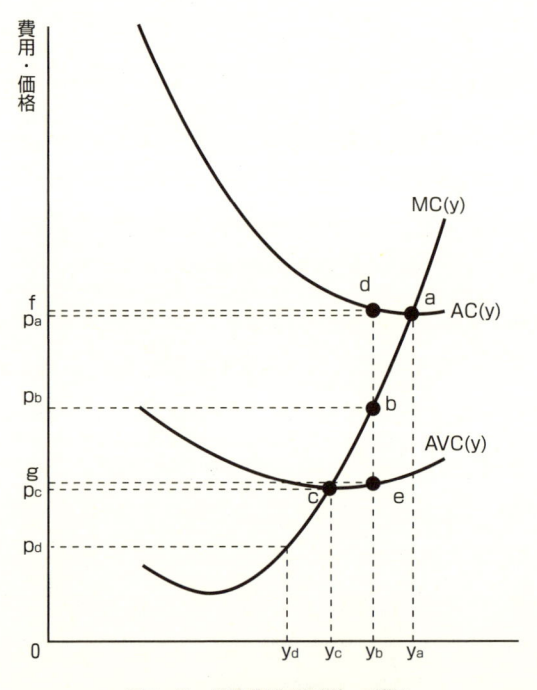

図2-3 供給曲線（短期）の導出

pがp$_a$のときには、yはy$_a$で利潤は最大化されますが、その利潤はゼロになります。なぜならp－AC(y)がゼロだからです。pがp$_a$以上であればp－AC(y)が正であり、1単位あたりの利潤は正になっており、利潤は正になります。逆にこの値が負であれば利潤は負になります。一致（p＝MC＝AC）している点aは損益分岐点（break-even point）と呼ばれます。

次に価格が損益分岐点より低いp$_b$（p$_c$＜p$_b$＜p$_a$）の場合は、やはりp＝MCである生産量y$_b$で利潤は最大化されます。しかし、p$_b$はAC(y$_b$)よりも低く、利潤は負になります。その損失額はbdfp$_b$になります。一方生産を行わなければ固定費分が損失になります。固定費＝総費用－可変費用ですから、生産量y$_b$での平均固定費用は図のdeになります。

したがって、固定費分の損失はy$_b$[AC(y$_b$)－AVC(y$_b$)]で面積edfgになります。したがって、操業による損失は固定の損失より小さいので、赤字ですが操業は行われます。

さらに価格が下がり、価格がp$_c$のときには、損失は固定費用と一致します。

価格がp$_d$であるとき、すなわちp$_c$より低いときには、損失額は固定費用を上回るので、生産活動は行いません。ゆえに点cを閉鎖点または操業停止点と言います。

以上の考察から、企業（生産者）の供給曲線はどうなるのでしょうか。p$_c$以上の価格に対してはMC、p$_c$以下の価格に対しては、p$_c$に対応するMC曲線上の点より下方に引いた縦線となります。

練習問題－3   難易度：☆

問題 費用曲線が$C(x) = 2x^3 - 12x^2 + 30x$で与えられているとします。$x$は生産量です。このとき企業が損益分岐点にあるとすれば、生産量はいくらですか。

解答 損益分岐点はACの最低点に対応していました。$AC = 2x^2 - 12x + 30$です。これをxで微分してゼロとおくと3になります。

第I部 ミクロ経済学

練習問題－4
難易度：☆☆

問題 ある企業の平均可変費用が $AVC = 2x^2 - 12x + 30$ で与えられるとします．x は生産量です．財の価格が6であったとすると，利潤を最大化するためにはこの企業は生産量をいくらにすべきでしょうか．

解答 可変費用は $2x^3 - 12x^2 + 30x$ になります．これを x で微分すると限界費用 $6x^2 - 24x + 30$ を求めることができます．これが価格6と等しいとして，$x = 2$ を導くことができます．

練習問題－5
難易度：☆☆（公務員試験改題）

問題 ある企業の費用曲線が $x^3 - 6x^2 + 15x + 80$ で与えられるとします．x は生産量です．この企業の短期操業停止価格を求めてください．

解答 固定費用を削除すると可変費用は $x^3 - 6x^2 + 15x$ になります．平均可変費用は $x^2 - 6x + 15$ です．企業は価格がこの平均可変費用より大きければ利潤が負でも生産を継続すべきです．この平均可変費用を最小化するのは $x = 3$ のときです．そのときの平均可変費用は6になりますから，短期操業停止価格は6です．

　最後に長期費用曲線を導いてこの章の学習を終えることにしましょう．長期とは何でしょうか．この章で学習した生産者行動の理論では，すべての生産要素が可変的になる場合を長期と言います．固定費用が少しでも存在していれば長期とは言いません．以下，やはり図を用いて説明します．図2-4を見てください．

　ある企業が機械を用いて生産活動を行っているとします．機械には大，中，小の3種類があるとします．小を用いた場合の短期平均費用曲線を SAC_a，中の場合を SAC_b，大の場合を SAC_c とします．小，中，大はそれぞれの生産量に呼応したものになっています．生産量が y_a 以下であれば，小規模の機械を用いることが望ましいことがわかります．小規模な機械を用いた短期平均費用がいずれの機械を用いた場合よりも費用が下回っていることが確認できるはず

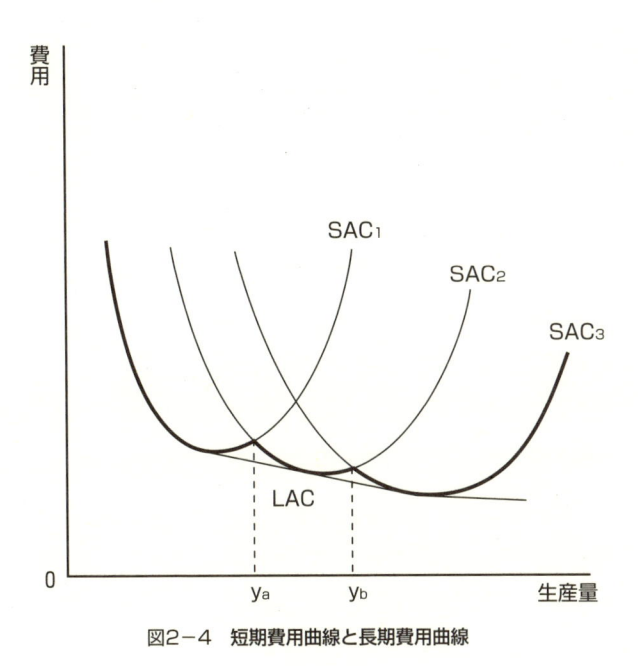

図2-4　短期費用曲線と長期費用曲線

です．同じく生産量が y_a から y_b の範囲にあれば，中規模，y_b 以上になれば大規模な機械が望ましいことがわかるでしょう．

　長期平均費用曲線 LAC はそれぞれの生産量で最もふさわしい機械を用いたときの平均費用ですから，図2-4の太線で示されます．なお，機械の種類が増加すればするほど，LAC がよりなめらかな曲線（短期費用曲線の包絡線）になります．図は右下りのケースです．生産活動が規模の経済を持つとき，長期平均費用曲線は右下がりの傾向になります．電力会社などはその一例です．

第Ⅰ部　ミクロ経済学

第3章　競争市場

1　完全競争市場とは

　第1章, 第2章で消費者, 企業がとるべき合理的な行動を学びました. やや難解だったと思います. しかし, いずれも重要度の高いもので, ミクロ経済学のコアとなるところです. 以下, 市場の動きについて勉強します.

　まず完全競争市場について説明しましょう. 経済学では下記の性質を持つ市場を完全競争市場として定義するのが一般的です.

1) 需要者と供給者の数が多数である.
2) 個々の経済主体が市場に与える影響は小さく, 価格は与えられたものとして行動する.
3) 個々の経済主体は完全な情報を持っている.
4) 売買される財は同質である.
5) 市場への参入・退出は自由である.

　こうした市場がほとんどありません. 現実の市場は, 程度の差はあれ寡占(企業数が複数であるが少数) か独占に近いものです. しかしこの章では, 完全競争市場を学びます.

2　市場均衡

　前記の各章では, 個別の消費者, 生産者の行動を分析しましたが, 全体での需要・供給はどのように決まりますか. それぞれの価格水準に対する個々の需要量, 供給量をすべて足し合わせたものになります. 理解を容易にするため, 消費者が2名存在する場合を想定します. 図3-1上左の個別需要曲線に示される需要を足し合わせたものが上右の市場需要曲線になります. 同様, 生産者が2名の場合を考えますと, 図下左の個別供給曲線を足し合わせたものが下右の市場供給曲線になります.

第3章 競争市場

図3-1 市場需要・供給曲線

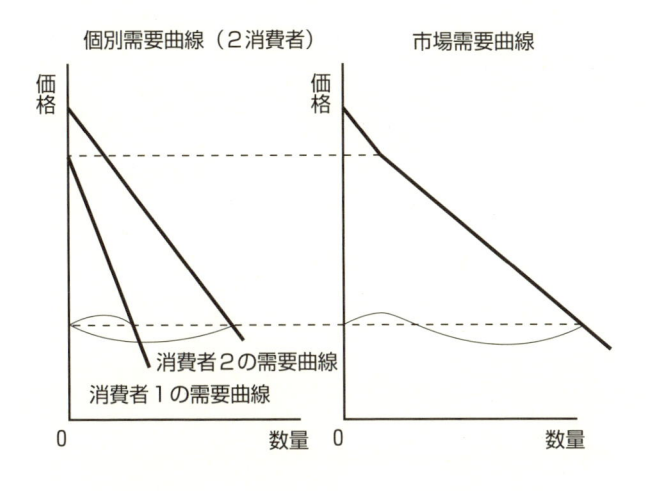

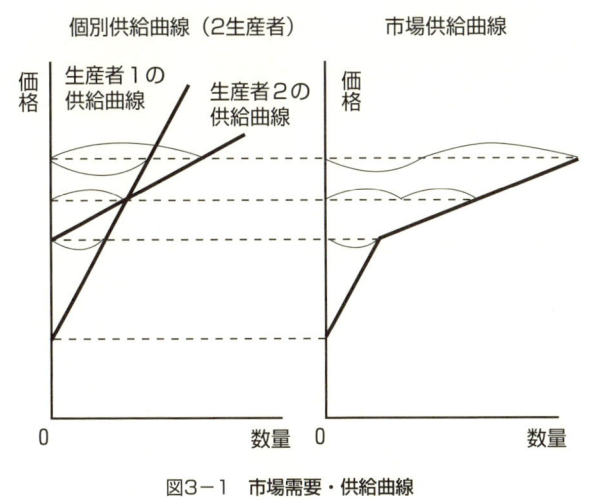

　そして，市場需要曲線と市場供給曲線の交点で価格と数量が均衡します．図3-2では，P^*とX^*で均衡が実現しています．

　ただ，均衡については安定，不安定の概念が必要です．この点については本章4節で学びます．

図3-2　市場の均衡

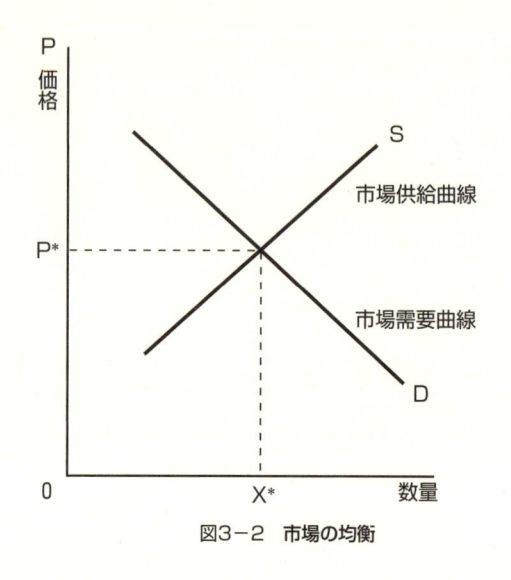

3 余剰分析

ミクロ経済学の重要な概念の1つに余剰という考えがあります．この概念は，国際経済学などでも頻繁に用いられます．

余剰には，消費者余剰と生産者余剰とがあります．図3-3を参照してください．

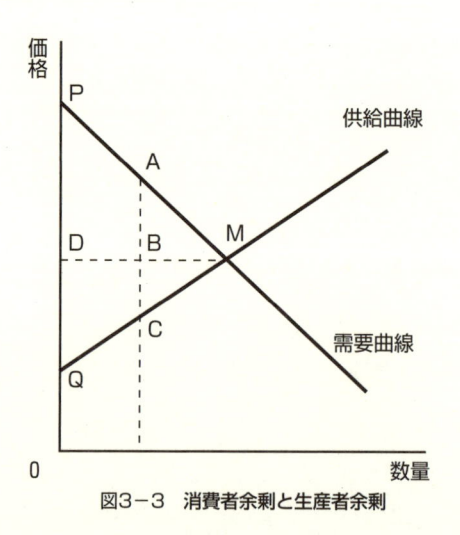

図3-3　消費者余剰と生産者余剰

図3-3で，需要曲線上のA点は，消費者が支払ってもよい価格，B点は現実の価格です．両者の差ABを消費者余剰と定義します．供給曲線上のC点は生産者が販売してもよい価格，B点は現実の価格です．両者の差BCを生産者余剰と定義します．したがって，消費者余剰は三角形PMD，生産者余剰は三角形DMQの面積になります．

練習問題-1

難易度：☆

問題 需要曲線，供給曲線はともに直線で，価格が4のとき需要量は12，供給量は6です．また価格が10のとき需要量は6，供給量は18です．このとき，消費者余剰，生産者余剰はそれぞれいくつですか．

解答 縦軸を価格，横軸を数量にして図を書きましょう．需要，供給曲線と縦軸との交点，需要，供給曲線の交点を求めます．図より消費者余剰は50，生産者余剰は25になります．

練習問題-2

難易度：☆☆（公認会計士試験改題）

問題 ある財の市場での短期の総費用曲線が同一で，$C = 4x + x^2$（xは個別企業の生産量）である企業が100社あるとします．そして効用関数 $U = 10X - X^2 + Y$（Xは該当財の消費量，Yは該当財以外の財すべての合成財の消費量）と所得が同一な消費者が100人存在しているとします．価格をP，財Yの価格を1，個々の消費者の所得をI（一定）として，1) 該当財の価格が6であるときに，ある会社に経営コンサルタントが現れ，各生産量の平均費用を1減少できると提案してきました．このときコンサルタントに最大限支払うことができる金額，2) 財の価格が6のとき，政府が個々の企業の生産量が1.2を超えた場合に超えた部分に関し1単位当たり1の補助金を出すと決定したとします．個々の企業の利潤，3) 政府が市場均衡価格より1高い政策をとったとします．売れ残りは政府が買い取るとします．総余剰の損失はどれだけでしょうか．

解答 1) 利潤は $6x - (4x + x^2)$ です．これをxで微分して0とすると $x = 1$.

利潤も 1. 改善後の平均費用は $3+x$ です. これより利潤は $6x-(3x+x^2)$ になります. これを x で微分して 0 とすると $x=1.5$ になり, 利潤は 2.25 になります. ゆえに最大限支払えるコンサルタント料は 1.25 です. 2) 1.2 を超えた場合に, 利潤は $6x-(4x+x^2)+(x-1.2)$ になります. これを x で微分して 0 とすることにより $x=1.5$ で利潤は 1.05. 1.2 以下の場合の利潤は $6x-(4x+x^2)$ になります. これを x で微分して 0 とすると $x=1$. 利潤も 1 です. ゆえに前者の方が大きく利潤は 1.05 になります. 3) 価格は 7, 生産量は 150 で均衡します. ゆえに総余剰は $(1/2)\cdot(10-4)\cdot 150$ で 450 です. 価格維持政策がとられると, 価格は 8, 政府の買い取り量は 100 になります. 総余剰は消費者余剰 + 生産者余剰 − 政府の損失なので, $(1/2)\cdot 2\cdot 100+(1/2)\cdot 4\cdot 200-8\cdot 100$ で −300 になります. 総余剰の損失は −750 です.

4 安定分析

　この章の最後に, 市場の安定という概念について考えます. 市場では, 価格と数量が常に均衡状態にあるとは限りません. そこでは, 何らかの調整が働くのが普通です. その調整過程について, 経済学ではワルラス均衡, マーシャル均衡, そして, くもの巣の理論という 3 つの代表的な考え方が提起されています.
　ワルラス均衡とは, 供給量が需要量より大きければ (超過供給) 価格は下がり, 小さければ (超過需要) 価格は上がると考えます. 図 3−4 で確認してください.
　マーシャルの均衡とは, ある数量に対する供給価格と需要価格を比べて, 供給価格が高ければ数量は減少し, 需要価格が高ければ数量は増加すると考えます. これも図 3−5 で確認してください.
　次に, くもの巣の理論について説明します. これは, 生産量は前期の価格と供給曲線によって決まり, 生産物は期間中に売りつくされるという考え方です. 農産物のように, 生産量の決定から生産までにタイムラグを伴うものをイメージするとよいでしょう.

図3-4　ワルラス均衡

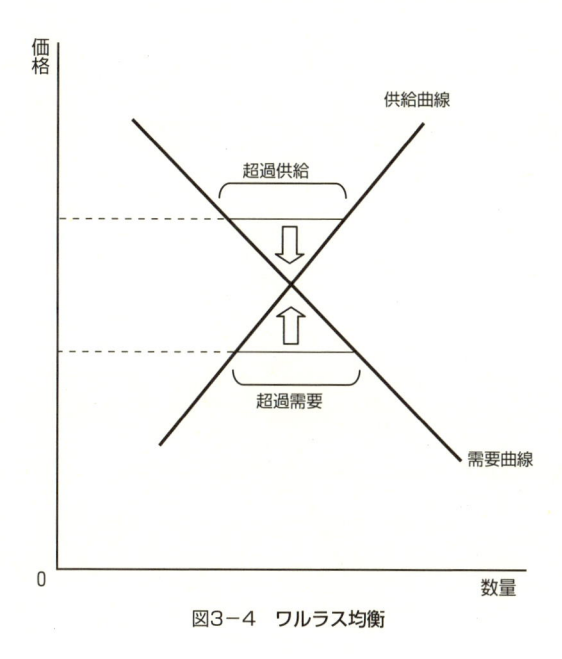

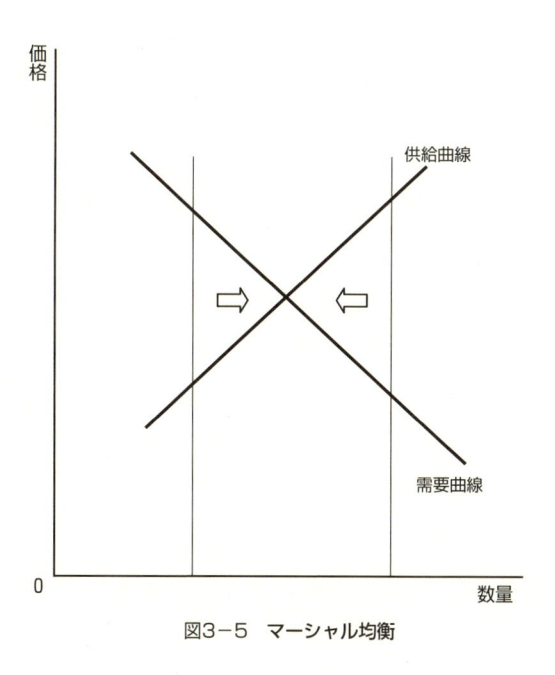

図3-5　マーシャル均衡

図3-6　くもの巣の理論

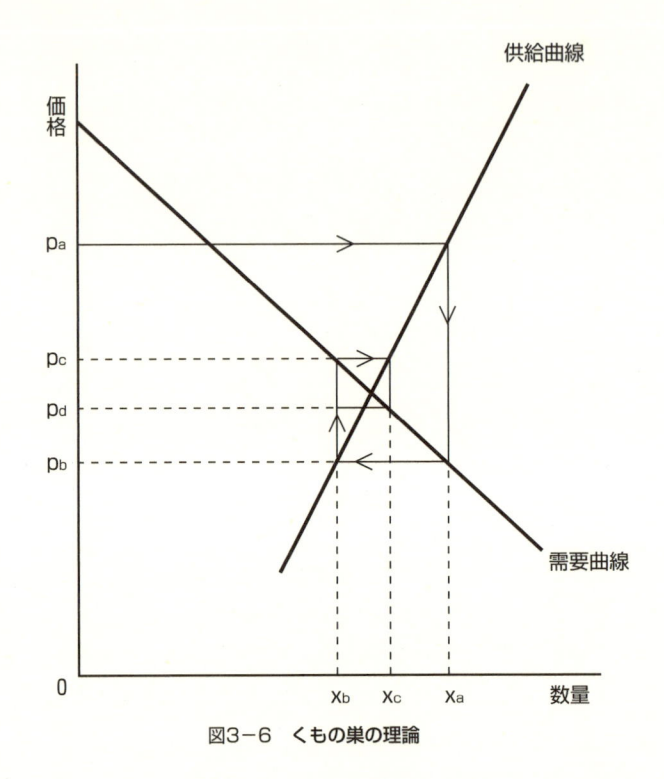

　前期の価格を p_a とします．すると今期の生産量 x_a は p_a と供給曲線で決まります．x_a が過不足なく売りつくされるためには，今期の価格は p_b でなければなりません．次期の生産量は x_b になります．このように調整過程はくもの巣のようになっています．

　ワルラス，マーシャル，くもの巣の安定条件は常時満たされるとは限りません．実際に図を書いてみた人は，くもの巣の理論のところで気付いたかもしれません．ワルラスの安定条件は（1／供給曲線の傾き）＞（1／需要曲線の傾き），マーシャルの安定条件は，供給曲線の傾き＞需要曲線の傾き，くもの巣の理論の安定条件は｜供給曲線の傾き｜＞｜需要曲線の傾き｜になります．難しそうですが，図を書いて確認をしてください．

　さて，いままで一定としてきた所得，技術水準が変化した場合，何が起こるかを考えましょう．

まず，所得が増加したと仮定します．それにより財の価格，取引量が変化するのですが，この影響を考える際には，財が上級財なのか下級財なのかを考慮しなければなりません．以下，図を用いて説明しましょう．

同じ価格下において，上級財であれば需要量は増加します．需要曲線は右へ

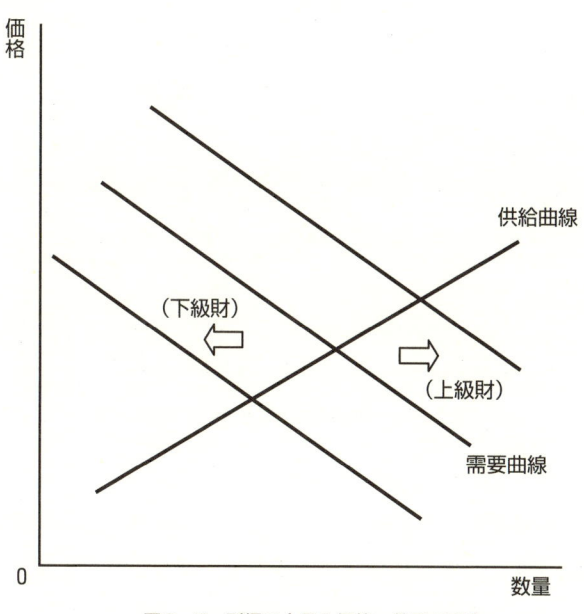

図3-7 所得の上昇と価格，数量の変化

シフトし，価格，数量は上昇・増加します．しかし下級財であれば需要は減少します．需要曲線は左へシフトし，価格，数量は下落・減少します．

財に関しては，代替財，補完財といった区分もあります．前者の例としてはバターとマーガリン，後者の例としては，プリンターとインクカートリッジをあげることができるでしょう．他財の価格が上昇した場合，代替財であれば需要曲線が右へシフトし，価格，数量は上昇・増加します．補完財の場合は左へシフトし，価格，数量は下落・減少します．いずれも図で確認してください．

図3-8 他財の価格上昇と価格，数量の変化

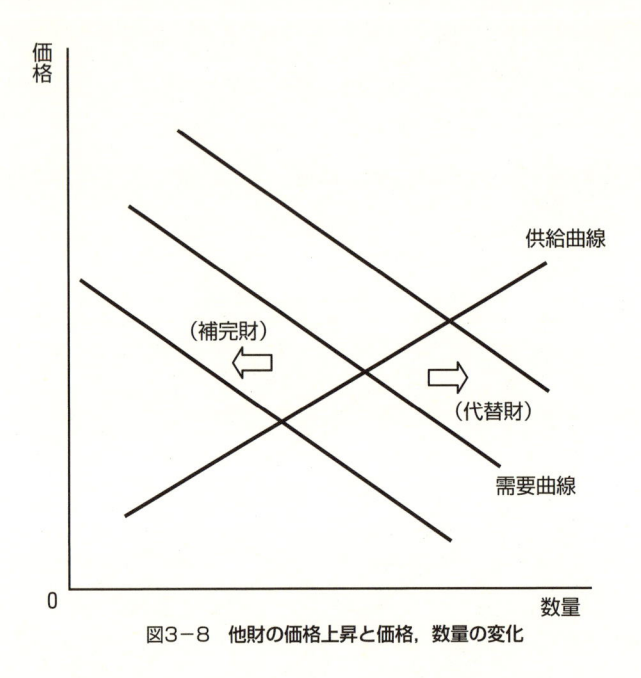

　最後に，技術進歩があった場合を考えます．技術進歩は供給曲線の変化を伴うと考えられます．ここでは単純に限界費用が低下したとします．すると供給曲線の下方シフトを引き起こすことは容易に想像できます．すなわち，価格は低下し，取引量は増加することになります．

第4章　不完全競争市場

1 独占市場

　前章までの議論は，完全競争市場を前提にしていました（正確な定義については第3章を参照）．この章では，市場競争が不完全なケースを考えます．こちらのケースの方が現実的であることはすでに前章のなかで説明しました．

　完全独占市場とは，企業数が1つである市場です．この市場では，独占企業は社会全体での需要曲線に対峙し，利潤の最大化を図ります．企業は財の価格を，政府による規制などがなければ，自由に設定することができます．しかし，販売できる数量は与えられる需要曲線によって決まります．需要曲線が通常の右下がりのものであれば，価格を下げれば販売量は増加，上げれば減少します．

　利潤，収入，費用をそれぞれ数量 y の関数とした時，利潤 (y) = 収入 (y) − 費用 (y) です．両辺を y で微分して0とおくと，利潤最大のときの数量 y を求めることができます．すなわち，d 収入 $(y)/dy$ = d 費用 $(y)/dy$ となります．左辺は限界収入 MR，右辺は限界費用 MC です．したがって利潤最大化の条件は MR = MC になります．完全競争市場の際の利潤最大化の条件とは異なることに注意してください（P = MC が条件でした）．

　上記の関係を図4−1で確認しましょう．

　需要曲線は右下がりの直線で示されます．pを価格，y を生産量，a. b を定数（a>0, b>0）とすると，需要曲線は

　　$p = -ay + b$ ……………………… (1)

総費用を TC とすると，利潤は py − TC，利潤最大の条件は，$d(py)/dy$ = TC $/dy$ になります．限界収入 MR は

　　MR = $-2ay + b$ = MC ……………………… (2)

式(1)と(2)を比較すると，直線(1)，(2)はともに，縦軸との切片は b ですが，傾き（負）の値は式(2)の方が大きくなっています．したがって MR 曲線は需要曲線の下方に位置します．正確には，MR 曲線の傾きは需要曲線の2倍になります．図では，数量が y^*，価格が p^* で決定がなされることになります．

図4-1 独占市場

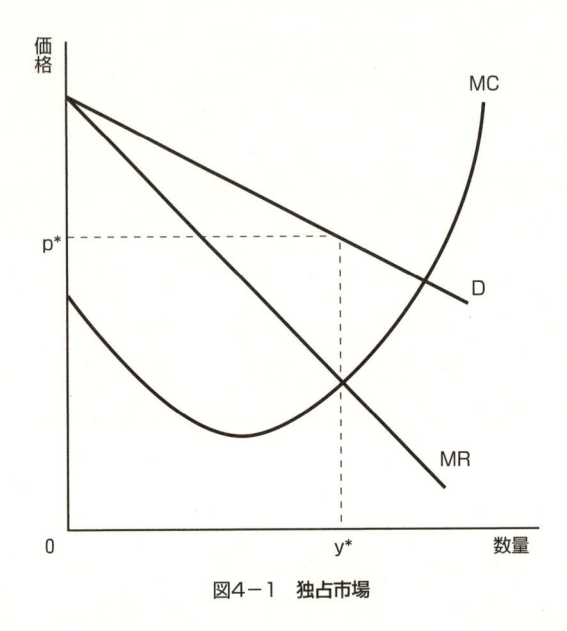

練習問題－1

難易度：☆

問題 ある独占企業の限界費用曲線および需要曲線がそれぞれ，$MC = 2Y$，$P = 20 - Y$（MC：限界費用，P：価格，Y：生産量）で与えられています．この企業が利潤最大化を行う場合の産出量はいくらですか

解答 総収入 $TR = P \cdot Y = 20Y - Y^2$ です．よって限界収入は $20 - 2Y$ です．$MC = MR$ より $Y = 5$ を導くことができます．

練習問題－2

難易度：☆（公務員試験改題）

問題 ある財の需要曲線が $P = -0.5Q + 50$ です（P：価格，Q：需要量）．この財は独占的に該当企業によって提供されています．費用関数は $TC = 0.5X^2 + 10X + 350$（C：費用，X：生産量）です．この独占企業の最大利潤はいくらですか．

解答 $X = Q$ とします．総収入 $TR = -0.5X^2 + 50X$ です．ゆえに $MR = -X + 50$．$MC = X + 10$ より，利潤最大化の条件 $MR = MC$ を用いて $X = 20$．$TR = 800$，$TC = 750$ により 50 になります．

練習問題－3

難易度：☆（公務員試験改題）

問題 ある財市場の需要曲線が $d = 44 - p$（d：需要量，p：価格）で与えられるとします．この財はある企業により独占的に供給されています．この企業の費用関数は $c = x^2 + 10$（c：総費用，x：生産量）とします．財に20％の関税が課されたとします．企業の供給量はいくらですか．

解答 20％の関税が課された結果，$d = 44 - (6/5)P$ になります．TRは価格にdを掛けたものになります．それをdで微分するとMRを求めることができます．MCは2dで，MR＝MCにより $d = 10$ です．

練習問題－4

難易度：☆（公務員試験改題）

問題 ある独占企業が2つの工場を保有しているものとします．それぞれの限界費用は，$MC_a = 3X_a + 9$，$MC_b = (3/8)X_b + (81/8)$ です．ただし，X_a，X_b はそれぞれの工場の生産量です．需要曲線が $P = -(3/2)D + 30$（P：価格，D：需要量）のとき，この独占企業が利潤を最大化するときの生産量の合計はいくらでしょうか．

解答 独占企業ですから，価格は両工場の生産量と需要曲線で決まります．$P = -(3/2)(X_a + X_b) + 30$ になります．両工場の収入は $P(X_a + X_b) = -(3/2)(X_a + X_b)^2 + 30(X_a + X_b)$ です．利潤をProfitとすると，Profit $= -(3/2)(X_a + X_b)^2 + 30(X_a + X_b) - TC_a - TC_b$ です．利潤最大の条件を求めるため，両辺を X_a，X_b で偏微分して0とすると，$\partial[-(3/2)(X_a + X_b)^2 + 30(X_a + X_b)]/\partial X_a = MC_a$，$\partial[-(3/2)(X_a + X_b)^2 + 30(X_a + X_b)]/\partial X_b = MC_b$．

したがって，$-3X_a - 3X_b + 30 = 3X_a + 9$ ……………… (1)

$-3X_a - 3X_b + 30 = (3/8)X_b + (81/8)$ … (2)

(1)より $2X_a + X_b = 7$ ……………………………… (3)

(2)より $8X_a + 9X_b = 53$ …………………………… (4)

(3)，(4)を解いて $X_a = 1$，$X_b = 5$ 合計6

第Ⅰ部 ミクロ経済学

練習問題－5
難易度：☆☆（公務員試験改題）

問題 独占市場において，x を生産量，p を価格とするとき，需要曲線が $p = -5x + 1000$ で与えられており，この独占企業の費用曲線は $C(x) = 2x^2 + 300x + 1000$ とします．このとき，1) 最適生産量はいくらでしょうか，2) 需要が2倍になった場合，最適生産量はどうなるでしょうか，3) 間接税が1単位当たり50課せられたとすると，最適生産量はいくらになるでしょうか．

解答 1) 利益は $px - C(x) = -7x^2 + 700x - 1000$．これを x で微分して0とおくと最適生産量は50．2) 新しい需要曲線は $p = -(5/2)X + 1000$．これより $700/9$ が最適生産量になります．3) 限界費用を50上方にシフトさせると，新しい限界費用曲線は $MC = 4x + 350$ になります．$MR = MC$ より $x = 325/7$ を導くことができます．

練習問題－6
難易度：☆☆☆（公認会計士試験改題）

問題 A国における財Xの需要関数は $Q = 10 - P$（Qは毎期の需要量，Pは価格）で，生産のための総費用は $0.5Q^2$ とします．この費用関数はどの企業でも同一とします．A国では政府が独占的に財Xを供給しているとします．B国における財Xの需要関数は $Q = 20 - 2P$ であり，当初は貿易をしていないとします．このとき，1) A国政府が財Xの生産部門を民間にオークションによって売却するとします．輸出は禁じられるとします．需要関数，費用関数の変化はありません．毎期の割引率は2.5%とします．このときオークションでの落札額はいくらでしょうか，2) オークションでA国政府から独占的生産権を得た企業はB国に輸出が認められるようになったとします．B国には財Xを生産する主体は存在しません．このときA国，B国における価格はいくらでしょうか，3) さらに，B国政府は財の輸出入を禁止し，自国の企業1000社までに生産を許可したとします．B国における生産のための総費用は $2q + 50q^2$ とします（qは個々の企業の生産量）．市場均衡価格はいくらでしょうか．

解答 1) オークションの落札者は独占企業で，利益 = $(10-Q)Q - 0.5Q^2$ を Q で微分してゼロにおくと Q = 10／3．これを利益の式に入れると 50／3．割引率を r とすると，落札額は，毎期得られる利益を割引率 r で現在価格に割り戻した値の総和で，落札額 = 利益／(1+r) + 利益／$(1+r)^2$ + 利益／$(1+r)^3$ … 利益／r = 50／3r = 2000／3． 2) 企業 A が設定する A 国での価格を P_A，生産量を Q_A，B 国で設定する価格を P_B，生産量を Q_B とすると企業 A の利潤は $(10-Q_A)Q_A + (10-Q_B)Q_B - 1/2(Q_A+Q_B)^2$ になります．これを Q_A，Q_B で偏微分してゼロとおくことで P_A = 7.5，P_B = 7.5 を得ることができます．3) MC = 2 + 100q でこれが P になります．ゆえに q = (p／100) − (1／50) が導出できます．1000 社分集計しますと Q = 1000q = 10P − 20 を得ます．これと B 国の市場需要関数 Q = 20 − 2P と連立させると P = 10／3．

2 独占と余剰

独占市場における資源配分の効率性をすでに学習した余剰という概念を用い

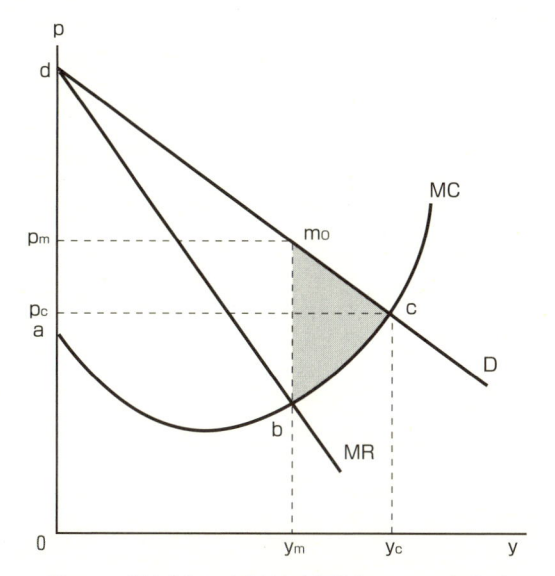

図4−2 独占均衡と完全競争市場均衡における余剰の相違

て説明しましょう．

　図4-2を見てください．独占市場の均衡点は m_0，価格は p_m，数量は y_m です．一方，完全競争市場での企業の利潤最大化の条件は，価格と限界費用が等しいことですから，均衡点は c，価格は p_c，数量は y_c です．以上は前章を含めた復習でした．P＝MC（完全競争市場），MR＝MC（独占市場）といった企業の利潤最大化の条件を思い出してください．

　さて，余剰の比較をしましょう．独占の場合の生産者余剰は長方形である収入 $m_0 p_m O y_m$ から MC 曲線の下方の $a O y_m b$ を引いたものであり，消費者余剰は $m_0 p_m d$ です．完全競争市場の場合には，生産者余剰は収入 $c p_c O y_c$ から MC 曲線の下方の領域 $a O y_c c$ を差し引いたもの，消費者余剰は $c p_c d$ です．余剰を比較しますと，独占の場合には完全競争の場合と比べ，$m_0 b c$ 分の減少が認められます．こうした社会的余剰の損失を死重的損失（死荷重：dead-weight loss）と呼びます．社会全体として見ると，独占が望ましくないことがわかると思います．おぼろげながら理解できる内容ですが，理論分析を用いると非常にクリアーに証明されることが確認できたのではないでしょうか．なお，こうした考え方は，国際貿易を学ぶ際にも登場します．

3 寡占市場とゲーム理論

　寡占市場とは，企業の数が独占市場とは異なり，少数の複数企業が存在する市場です．寡占市場（企業）の例としては，自動車産業，家電産業，鉄鋼業などがあります．寡占市場の特徴として，各企業はお互いにそれぞれの企業の行動により影響を受けることがあります．これがゲームの理論の出発点です．ゲームの理論は，地球環境問題などでも用いることがあります．ここでは深くは学習しませんが，その基礎をしっかり学習してください．

　寡占市場の概念がおおまかに理解ができたところで，まず練習問題にチャレンジしてください．その後，さらに詳細に見ていきましょう．

練習問題-7　難易度：☆（公務員試験改題）

問題 2つの企業が支配する寡占市場を考えます．その財の市場の需要曲線が $d = 90 - p$ で共通に与えられるとします．ただし，d は需要量，p は価格です．費用曲線は同一で，$c = x^2 + 10$ と（c は総費用，x は生産量）とします．もしこれら2つの企業が共謀して利潤の合計を最大化しようとすれば，価格はいくらか．

解答 2つの企業の販売量を x_1，x_2 とします．すると利潤は $\{90 - (x_1 + x_2)\}(x_1 + x_2) - (x_1^2 + 10) - (x_2^2 + 10)$ です．これを x_1，x_2 でそれぞれ微分してゼロと置き需要関数に代入すれば 60 を得ることができます．

クールノー・ナッシュ均衡について説明します．

2つの企業を考えます．企業は，相手企業の生産量が与えられたものとし，受動的に行動すると考えます．財の価格は自己と相手企業の生産量の合計により需要曲線上で決定されます．各企業の利潤は，その価格と自己の生産量の積

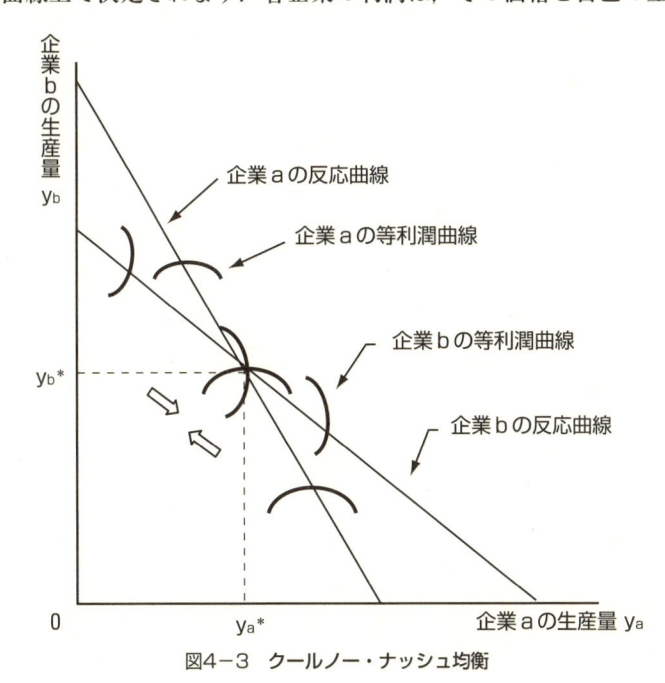

図4-3　クールノー・ナッシュ均衡

で導くことができる収入から,生産のための費用を差し引いたものになります.費用はもちろん各企業で異なります.各企業は,その条件下で自己の利潤を最大化するように生産量を決定します.そこから導かれる関係を反応関数と言います.図4-3を見てください.

図4-3で,等利潤曲線は各企業の利益が等しくなる生産量の組合わせ(y_a, y_b)を示し,企業aの等利潤曲線は上方に凸で下側に行くほど利潤は高くなります.企業bの等利潤曲線は右方に凸で左側へ行くほど高い利潤に対応しています.反応曲線は等利潤曲線の頂点を結んだ軌跡です.

両企業の反応曲線の交点で示される生産量の組み合わせは(y_a^*, y_b^*)です.それは,それぞれの相手企業の生産量が与えられたときに自己の利潤を最大化する生産量の均衡点を示しています.ここでは,相手企業が生産量を変更しない限り自己の生産量を変更する戦略は取られません.これをクールノー・ナッシュ均衡と呼びます.

練習問題-8

難易度:☆☆(公務員試験改題)

[問題] 企業1と企業2は類似した財を販売しています.2企業の財の需要曲線は $d_1 = 160 - 4p_1 + 2p_2$, $d_2 = 400 + p_1 - 3p_2$, 費用曲線は $c_1 = 20x_1 + 100$, $c_2 = 10x_2 + 200$ とします.d は需要量,p は財の価格,c は総費用,x は生産量,添え字は企業です.各企業は他企業の財価格を所与として,自社の財価格を利潤最大となるように行動しています.このとき財の販売価格はいくらですか.

[解答] 需要関数を $p_1 = \cdots$, $p_2 = \cdots$ という形にし,利潤を求めます.それぞれの企業の利潤 π は $\pi_1 = (40 - (1/4)x_1 + (1/2)p_2)x_1 - 20x_1 - 100$, $\pi_2 = \cdots$ になります.x_1, x_2 はそれぞれの企業の生産量です.これらをそれぞれ x_1, x_2 で微分してゼロとするとそれぞれの価格,50,80 を導出できます.

第4章 不完全競争市場

練習問題-9   難易度：☆☆ （公務員試験改題）

問題 同じ財 X を生産する企業 1，企業 2 があります．この複占企業において X の需要関数が $P = 20 - 0.5(Q_1 + Q_2)$ で示されるとします．総費用関数は企業 1，2 とも，$TC = 2Q$ とします．ただし，P：財 X の価格，Q_1：企業 1 の生産量，Q_2：企業 2 の生産量とします．このときクールノー均衡における企業 1，2 の生産量はどれだけでしょうか．

解答 企業 1 の利益は，$PQ_1 - TC$ で，$\{20 - 0.5(Q_1 + Q_2)\}Q_1 - 2Q_1$．これを Q_1 で微分してゼロと置きます．Q_2 についても同様の式を置き，これを Q_2 で微分してゼロと置きます．連立方程式を解くといずれも 12 になります．

次にシュッタルベルク均衡について簡単に説明しましょう．クールノー・ナッシュ均衡では，両企業がともに受動的に行動するという仮定を置きました．しかし，現実にはその可能性は低いように思われます．両企業の力は同等ではないケースもあり，他方が先導的，他方が受動的に動くことが考えられます．このときの均衡を求めるのがシュッタルベルク均衡です．

4 独占的競争と製品差別化

以上の議論はやや難解であったかもしれません．しかしミクロ経済学のエッセンスとも言うべき箇所ですので，しっかりと確認してください．ここではやや現実的な色彩が強い内容になります．

市場構造として，独占的競争と呼ばれる状態を考えます．独占的競争とは，差別化された製品を独占的に生産している企業が多数存在している状態を言います．供給企業の数が，すでに説明した完全な独占，寡占とは異なります．（前者は 1，後者は少数）．価格支配力については，ある程度存在する点が完全競争，完全独占と異なります（前者はなし，後者はあり，または政府により規制が存在）．製品の差別化については，ある程度あり，完全独占と完全競争とは異なります（いずれもなし）．参入の難度については，容易であり，完全独占，

第Ⅰ部 ミクロ経済学

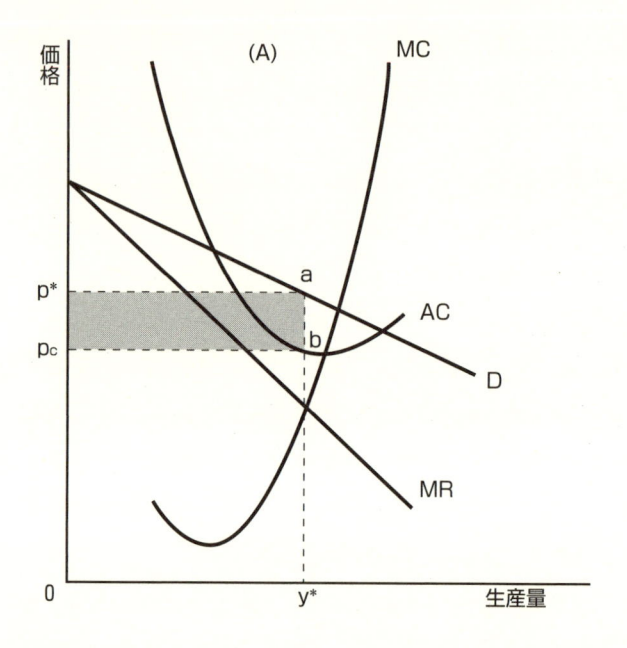

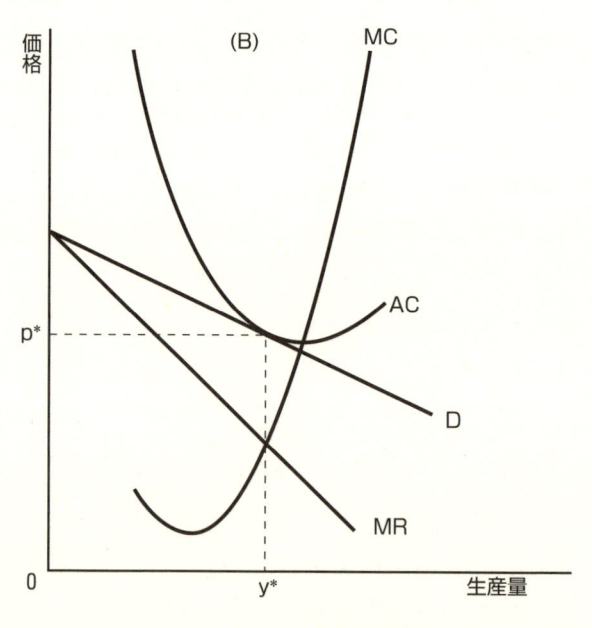

図4-4 独占的競争市場

38

寡占とは異なります(前者は不可能,後者は困難).独占的競争の例としては,外食産業があります.図4-4で説明をしましょう.

　製品差別がなされているため,各企業はそれぞれの顧客も持ち,それぞれの需要曲線に直面しています.このような市場で,参入,退出が自由であるといましょう.短期的には,図(A)のように,企業は利潤はMC(限界費用)がMR(限界収入)に等しくなる量の生産を行い,超過利潤abp_cp^*を得ます.しかし,利潤が正であれば他企業の参入を招き,(もちろん負ならば退出します)需要が減るので需要曲線は左にシフトします.ゆえに長期においては図(B)のように超過利潤がゼロになります.この場合,MC,MRが等しくなる生産量では,価格とAC(平均費用)は等しくなり,AC曲線が需要曲線に接することになります.

第5章　市場の効率性

1 パレート効率

市場についてかなり詳細に学習を進めてきました．本章では市場を効率性から考えてみます．

効率性の観点から経済を分析する方法の1つに，パレート効率，あるいはパレート最適という考え方があります．

2種類の財があるとします．この一定量を2人で分けるとします．いろいろな分け方があるのは当然ですが，もしその分配方法を変えることで2人とも効用が高まったり，1人は変わらなくてももう1人が高まれば，当初の分配方法は効率的とは言えません．パレートというのは経済学者の名前ですが，すべての消費者の効用を同時に高めたり，他の誰の効用も下げずに誰かの効用を高めるような余地のない状態をパレート効率と言います．図5-1で説明します．

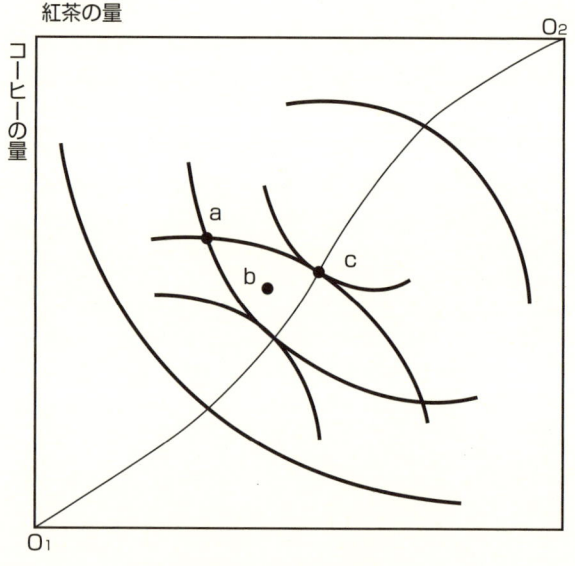

図5-1　パレート効率

財をコーヒーと紅茶として，消費者1，消費者2の間で分配すると仮定します．長方形の縦，横は，それぞれコーヒーと紅茶を分け合う総量です．消費者1の消費量の原点は左下隅，消費者2は右上隅です．両消費者の無差別曲線は通常の右下がり，原点に凸に描かれます．原点から離れると効用は高くなります．これらの点はすでに第1章で学習しました．

図5-1で点aのような状態は点bに移動することにより，2人の効用を同時に高めることが可能になります．ゆえにパレート効率ではありません．それに対して点cは1人の効用を高めるには他の消費者の効用を下げざるをえず，パレート効率と言えます．両者の無差別曲線が接していることが条件になります．

この点では，両者の限界代替率が等しくなっています．限界代替率は第1章で学習しました．

2 市場の失敗

以上の議論は競争市場を前提にしていました．しかし，競争市場が成立しているからといって，パレート効率が実現するとは限りません．市場のメカニズムによって有効に対処できない状況を市場の失敗と言います．その代表例が外部効果と公共財の存在です．

外部効果とは，ある経済主体の行動が市場を通さずに他の経済主体に影響を及ぼすケースです．工場や車から出る騒音などがその例です．もちろん，マイナスの例だけではありません．森林の存在によって空気や水がきれいになるケースもあります．前者は外部不経済，後者は外部経済として分類されるケースもあります．

外部効果が存在すれば，市場の力では解決できません．ゆえに規制や課税などが時に必要になります．

公共財は，道路や公園，警察などのサービスが該当します．これは利用者から料金徴収が困難で，民間企業からは供給されにくいものです．ゆえに政府などによる供給が必要になります．

第Ⅰ部 ミクロ経済学

練習問題－1

難易度：☆☆（公務員試験改題）

問題 企業Aと企業Bの間に外部性が存在し，AがBに外部不経済を与えているとします．AはX財を生産し，BはY財を生産し，X財，Y財の生産量をそれぞれ x, y とするとき，それぞれの費用関数を，$C_A = x^2$, $C_B = 3y^2 + xy$ とします．政府がAに対してX財の生産量1単位について30の課税をすると，2企業の生産量はどうなるでしょうか．ただし，X財の価格は70，Y財は140とします．

解答 企業が利潤を最大化させる条件は，完全競争の場合，P = MC であることを思い出してください．企業Aの限界費用は $2x$．ゆえに $2x + 30 = 70$ で企業Aの生産量は20になります．企業Bの限界費用は $6y + x$ です．企業Aは20生産していますので，$6y + 20 = 140$．ゆえに企業Bの生産量は20になります．

練習問題－2

難易度：☆（公認会計士試験改題）

問題 企業Aと企業Bが隣り合って生産活動をしており，AがBに外部不経済を与えていて，Aがある生産要素の投入を増加させると外部不経済がBに働きBの生産量は減少するとします．この生産要素の投入量Xに関する企業A，企業Bの利潤関数はそれぞれ $\pi_A = 100X - X^2$, $\pi_B = 900 - 0.25X^2$ とします．このとき，1) 企業Aがこの生産要素の利用権をすべて握っているとき，Aにとっての投入量はいくらでしょうか，また，Aの利益，Bの利益はいくらでしょうか，2) 企業Aと企業Bの利潤の合計の最大値はいくらですか．

解答 1) π_A をXで微分してゼロとおくと50になります．これを π_A, π_B に代入するとそれぞれ2500と275を得ることができます．2) π_A と π_B の合計をXで微分してゼロとおくと $X = 40$ になります．すると $\pi_A + \pi_B = 2900$ を導くことができます．

3 余剰分析

以前に説明した余剰の概念を用い，外部不経済についての分析を，図5-2により試みることにします．

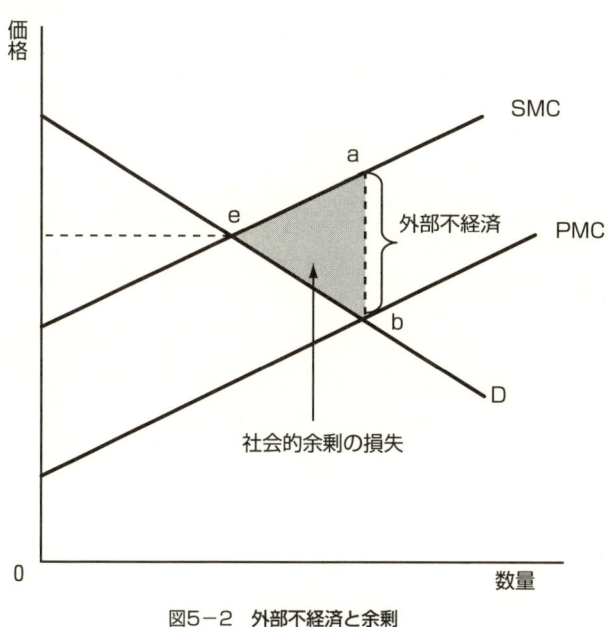

図5-2 外部不経済と余剰

図5-2で，企業が実際に支払う私的限界費用（PMC：private marginal cost）と外部経済が存在する場合の社会的限界費用（SMC：social marginal cost）とは別物になります．外部不経済の場合，環境を改善するための装置の費用や補償額などを含むため，SMCはPMCより高くなります．企業の供給曲線は限界費用から導かれ，需要曲線との交点bが均衡点になりますが，社会的余剰を最大化させる点はeです．ゆえに企業の生産は過剰な状態になっており，abeで示される社会的余剰の損失が発生します．

価格や数量規制がなされるとどうなるでしょうか．価格規制がなされたケースで考えましょう．図5-3を見てください．

図5-3　価格規制と余剰

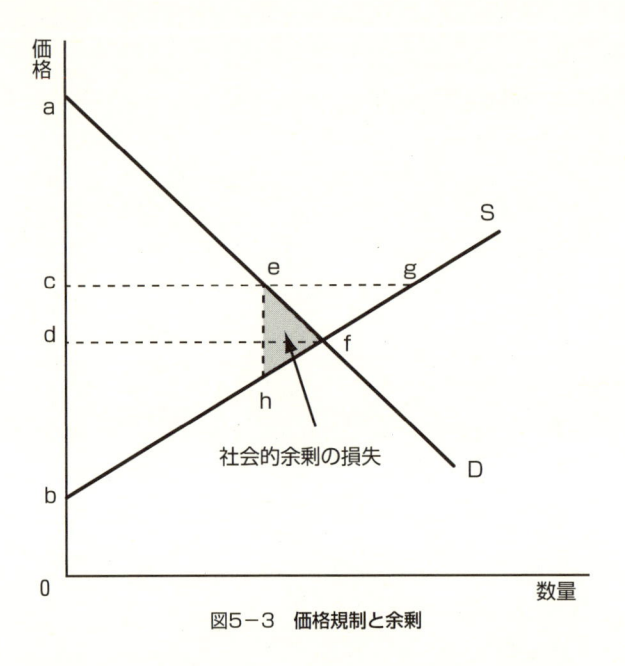

　図5-3で規制などの施行がなされなければ，市場は需要曲線Dと供給曲線Sの交点fで均衡します．このときの消費者余剰はafd, 生産者余剰はbfdです．ここで何らかの理由により価格がcの水準に決められたとしましょう．するとeg分の超過供給が発生します．余剰はどのように変化するでしょうか．

　まず消費者余剰はaec, 生産者余剰はbhecになります．ゆえに三角形efhの損失が発生していることがわかります．

　同様の議論は課税に関しても該当します．

　図5-4で課税される前の均衡点はfです．消費者余剰はafd, 生産者余剰はbfdです．この状況下で課税がtなされたと仮定します．

　消費者余剰はaec, 生産者余剰はbgecになります．ゆえに三角形efgの損失が発生していることがわかります．価格規制のケースと似ていますね．

　次章では，ミクロ経済学の応用例として，国際経済学のエッセンスを学習します．

図5-4 課税と余剰

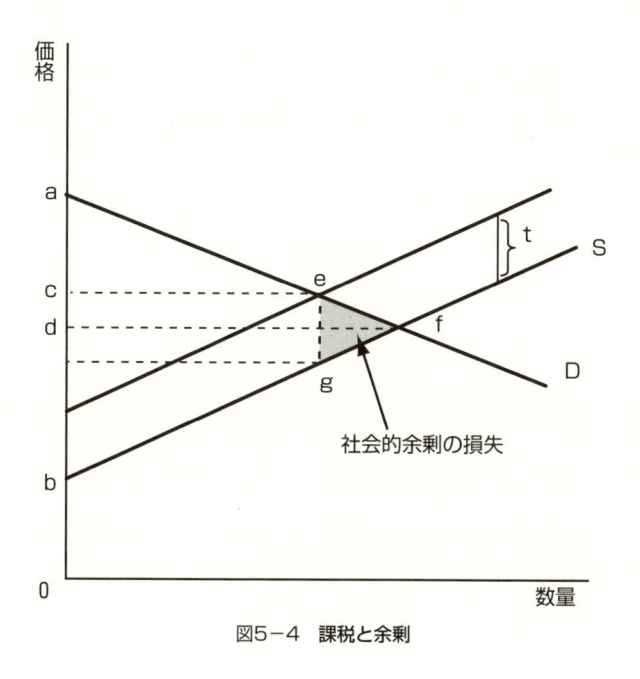

第6章　国際貿易

1 貿易の利益

　ミクロ経済学の冒頭で述べましたが，国際経済学のうち貿易理論は，ミクロ経済学を多分に用います．この一端にふれることにしましょう．理論よりも現実に興味がある人にも，本章には関心を持ってもらえるものと確信します．すぐ主要分野に入る前に，生産可能性曲線について説明します．

　生産可能性曲線とは，利用可能な生産要素を最も効率的に使用した場合に生産可能な財（以下，食料と衣料）の組み合わせを示す点の軌跡です．曲線は通常右下がりになります．その理由は，投入できる生産要素は限られているので，一方の財の生産を増加させれば，他方を減らさなければならないからです．さらに，実際の生産可能性曲線は，一般に原点に対して凹になります．図6-1でその理由を説明しましょう．

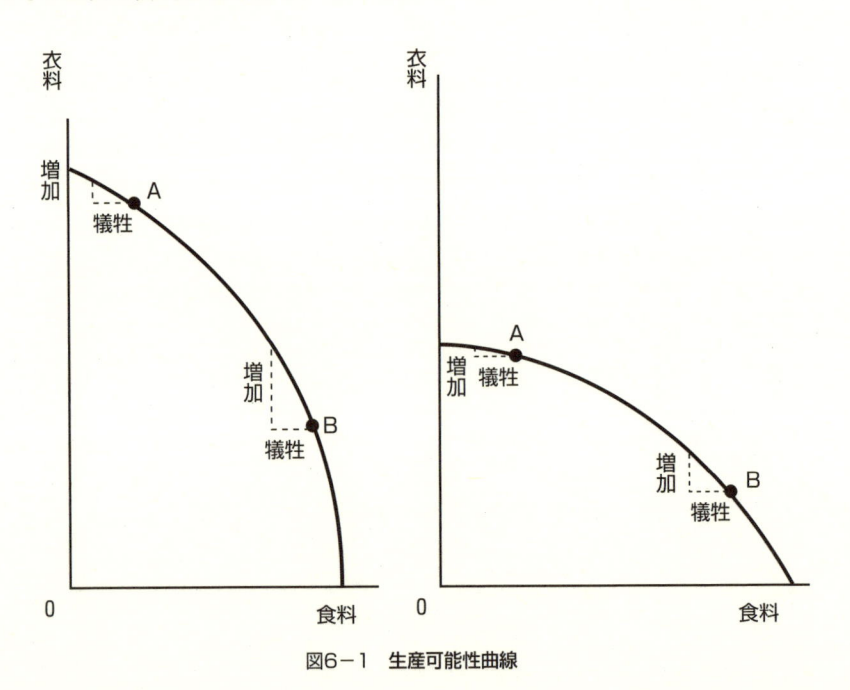

図6-1　生産可能性曲線

衣料は労働集約財，食料は資本集約財と考えます．A点では，食料の生産を犠牲にして衣料の生産を増やそうとすると，すでに多くの労働資源，つまり労働者を投入していますので，これ以上増やそうとしても良質な労働者が集まらないとか，余分の費用がかかります．したがって，多くの増加は見込めないのです．一方B点では，食料の生産を犠牲にして衣料の生産を増加させる場合，労働資源の増加は容易で，衣料生産の多くの増加が見込めるのです．

右図と左図を見比べてください．衣料生産を1単位増やすために犠牲にせねばならない食品の生産量が右図の方が多くなっています．この場合，左図では「衣料が食料に対して比較優位にある」と言い，右図では，「食料が衣料に対して比較優位にある」と言います．

この生産可能性曲線に無差別曲線と予算制約線を加えたのが図6-2です．

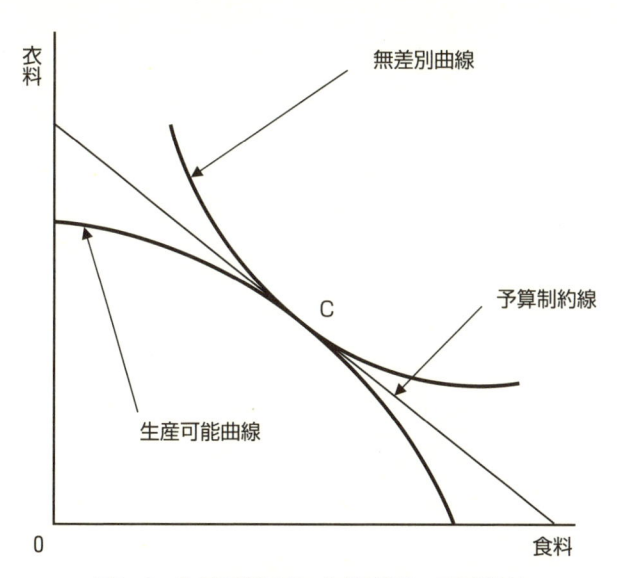

図6-2 生産可能性曲線，無差別曲線，予算制約線

貿易が行われていない場合，消費者は予算の制約下で最大の満足度を得るように行動します．すなわち，原点より最も遠い無差別曲線に予算制約線が接する点Cを選びます．

次に貿易が行われるとしましょう．図6-3の例では，生産可能曲線の形より，A国は衣料に比較優位が，B国は食料に比較優位があります．

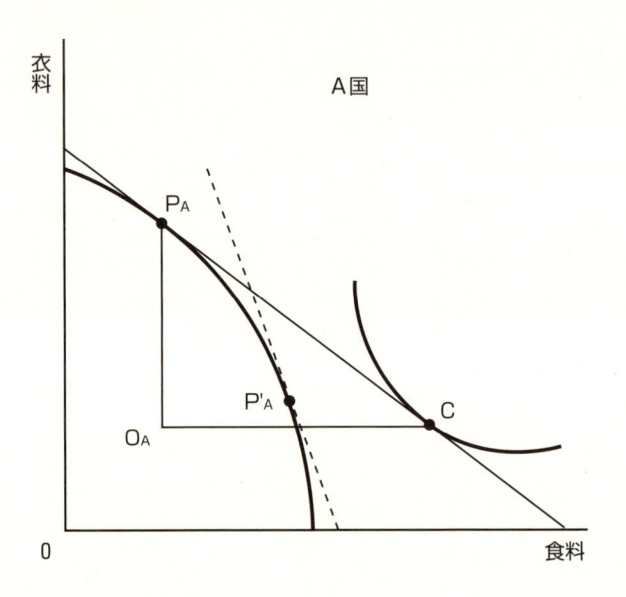

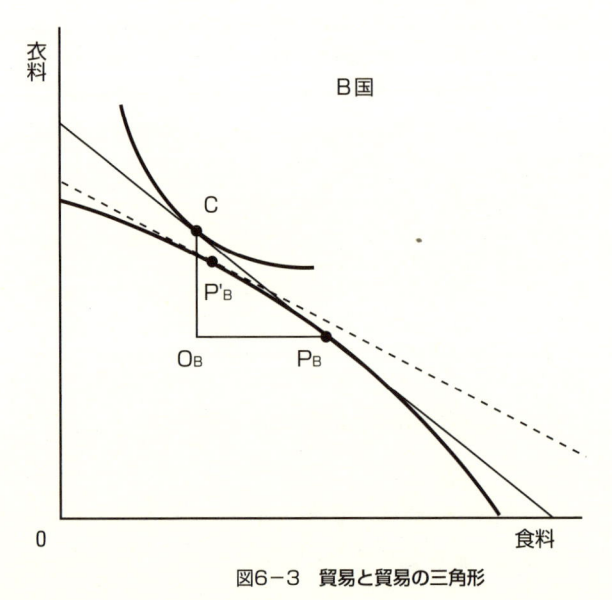

図6-3 貿易と貿易の三角形

貿易が行われると，価格の均等化によって，A国の衣料の価格は上昇，食料の価格は下落して，予算制約線は傾きが緩やかになり，B国の衣料の価格は下落，食料の価格は上昇して，予算制約線は傾きが急になり，両国の予算制約線は同じになります．

話はいよいよ佳境です．A国の生産点は，P_A'からP_Aへ移動します．同じく消費点はP_A'からCへ移動します．するとP_AO_A（衣料）を輸出し，O_AC（食料）を輸入します．P_AO_ACは貿易の三角形と呼ばれます．

B国は生産点がP_B'からP_Bへ，消費点はP_B'からCへ移動します．するとP_BO_B（食料）を輸出，O_BC（衣料）を輸入します．貿易の三角形はP_BO_BCです．

結果として無差別曲線は，A国，B国とも原点より遠くなりますから，効用が増すのです．貿易が国々の生活を豊かにすることが確認されました．

貿易により，われわれは鎖国政策をとり，外国との接点を一切断っていたら入手できないような財やサービスを享受することができます．食料もその1つです．また，日本ではほとんど原油が産出されませんが，その輸入を行うことでわれわれは豊かな生活を得ることができます．

練習問題－1
難易度：☆☆（公務員試験改題）

問題 ある小国の社会的厚生関数と生産可能性が，$u = u(x, y) = x \cdot y$，$x^2 + y^2 \leq 1000$（x, yはX，Y財の生産量）とします．X財の国際価格は10，Y財の国際価格は30です．自由貿易により社会的厚生関数を最大化しようとするとき，生産量，消費量はそれぞれいくらですか．

解答 図6-3の貿易の三角形を参考とします．この国の生産可能性の下で，生産額を最大にするには，ラグランジュ関数 $L = 10x + 30y + \lambda(1000 - x^2 - y^2)$ より $\partial L / \partial x = 10 - 2\lambda x = 0$，$\partial L / \partial y = 30 - 2\lambda y = 0$ を満たさなければなりません．これにより $y = 3x$ になります．これを生産可能性の条件式に代入して，生産量 $x = 10$，$y = 30$ を得ます．（ラグランジュ関数については，数学付録を参照してください．）ゆえにこの国の所得は，$10x + 30y = 1000$，予算制約線は $x + 3y = 100$ となります．

社会的厚生を最大化するには，ラグランジュ関数 $L = xy + \lambda(100 - x - 3y)$ より，$\partial L / \partial x = y - \lambda = 0$，$\partial L / \partial y = x - 3\lambda = 0$ を満たさなければなりません．これより $x = 3y$ になります．予算制約式に代入して，消費量 $x = 50$，$y = 50/3$ が得られます．

2 貿易政策

以下，輸入関税，輸出補助金の2つのケースで説明します．

1) 輸入関税の効果

図6-4で，Dを需要曲線，Sを供給曲線とします．貿易のない場合，価格はDとSとの交点，P_0 で均衡します．

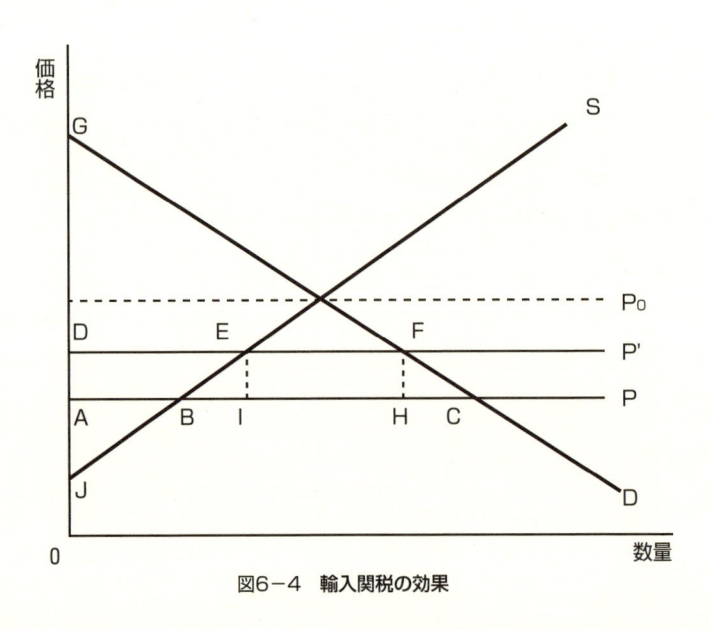

図6-4　輸入関税の効果

貿易のある場合，小国ですから，世界的な価格水準に自国の需要は影響を及ぼさないのです．この仮定は小国の仮定と呼ばれ，しばしば引用されます．この場合，商品は国際価格であるPの水準でいくらでも輸入できますから，国内価格はこの水準で決まっていると仮定します．なお以下の分析は完全競争を仮定しています．

国内需要は AC，国内生産量は AB，そして輸入は BC となります．
ここで関税が賦課されたと仮定します．価格は P から P′ へ上昇します．すると国内需要は AC から DF へ，国内生産量は AB から DE へ，輸入は BC から EF になります．

余剰はどうでしょうか．図を離れて直感的に考えると，消費者は満足度が減少し，生産者の満足度は増加，政府は，関税収入を得ることになると考えられます．

図に戻って理論的に考察しましょう．消費者余剰は ACG から DFG に減少し，生産者余剰は ABJ から DEJ に増加します．政府は EFHI（価格 AD ×数量 EF）の収入を得ることになります．

まとめると以下のようになります．

① 関税前
国内需要　AC　国内生産量　AB　輸入　BC

② 関税後
国内需要　DF　国内生産量　DE　輸入　EF

③ 余剰

	関税前	関税後	＜増減＞
消費者	ACG	DFG	減
生産者	ABJ	DEJ	増
政府	0	EFHI	増
全体	GCBJ	GFHIEJ	減 − ($\triangle$EBI + $\triangle$FCH)

全体で見ると余剰が $\triangle$EBI + $\triangle$FCH 分減少します．ゆえに一国全体では，余剰の減少が起こり，輸入関税は好ましくないこと，自由貿易が好ましいことがわかります．

練習問題−2

難易度：☆

問題　ある財の国内の需要と供給が，それぞれ以下の式で示されています．

$d = 150 - 2p$　（d：需要量，p：価格，s：供給量）

$s = 2p$

この財の海外市場における価格は 10 ですが，それに政府が 50％の関税を賦課したとき，輸入量はいくらでしょうか．☆

解答　輸入価格は 10，関税後の価格は 15 です．$p = 15$ を代入すると，$d = 120$，$s = 30$．したがって，輸入量は 90 になります．

練習問題－3
難易度：☆（公務員試験改題）

問題　ある財の国内の需要と供給が，それぞれ以下の式で示されています．

$d = 120 - p$　（d：需要量，p：価格，s：供給量）

$s = 2p$

この財の価格は 20 でしたが，10 の関税が課されることになりました．経済的な損失はいくらですか．

解答　図 6-4 を書いて解きます．正解は 150 です．

2）輸出補助金の効果

次に輸出補助金について考えます．図 6-5 は輸出補助金の効果を示しています．もとの価格が P_x で輸出補助金 u が供与されると国内価格は P になります．

余剰をまとめると以下のようになります．

① 補助金前

国内需要　AB　国内生産量　AC　輸出　BC

② 補助金後

国内需要　DE　国内生産量　DF　輸出　EF

③ 余剰

	補助金前	補助金後	＜増減＞
消費者	ABG	DEG	減
生産者	ACJ	DFJ	増
政府	0	－EFHI	減
全体			－（ΔEBI+ΔFCH）

　やはり一国全体では余剰が減少していることがわかります．政府の余剰はマイナスになります．

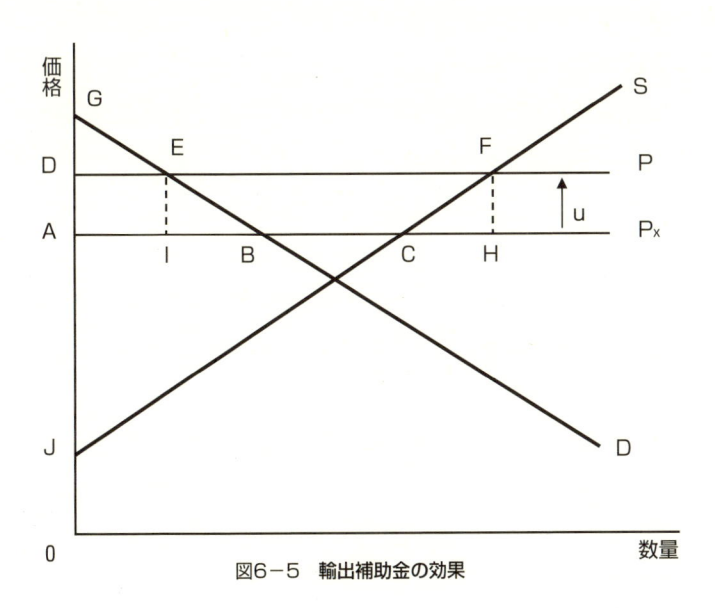

図6-5　輸出補助金の効果

第7章 リスクと選択

1 リスクと期待効用仮説

　私たちの生活においては，多くの場面で意思決定を求められます．この点はまえがきでも触れました．経済の分野では，消費を所得の制約下で行ったり，そのための借り入れを行ったりします．その際，将来起こることを確実に予期することはできません．不確実性下で時に大きな意思決定をしているのです．

　経済学で言うリスク（危険）とは，一般に，将来起こりうる個々の状態について，発生する確率が知られている場合を指します．そして危険の事態の効用は，危険がない場合の効用の期待値として表すことができると考えます．これを期待効用仮説と言います．

　例をあげましょう．2分の1の確率で100万円得ることができ，同じく2分の1の確率で何も得られないくじがあるとします．この場合，所得の期待値は100万円×1/2＋0×1/2＝50万円です．このとき，くじを引くか，引かないで50万円を手に入れるか，いずれを選ぶか？という命題です．おそらく，人によって選択肢は異なるでしょう．なぜ異なるのでしょうか．その理由として，考え出されたのが期待効用仮説なのです．つまり，人あるいは企業は不確定要素のある事象の意思決定に際し，所得の期待値ではなく，所得によって得られる効用の期待値によって判断するとの仮説です．効用の期待値は，100万円を確実に得るときの効用 $u(100万円)$ と何も得られないときの効用 $u(0)$ を加えた期待値，$u_E = (1/2)u(100万円) + (1/2)u(0)$ で表されます．つまり，$u_E = 50$ です．この場合，確実に50万円を得ることを好む人がいるでしょう．こうした人を危険回避者と呼びます．また，上記の条件でくじを引くことを好む人は危険愛好者と呼ばれます．確実な状況における効用と，不確実な状況における効用が無差別な人，つまり危険に無関心な人を危険中立者と呼びます．

　図7-1は三者の効用関数の例を示したものです．

第7章 リスクと選択

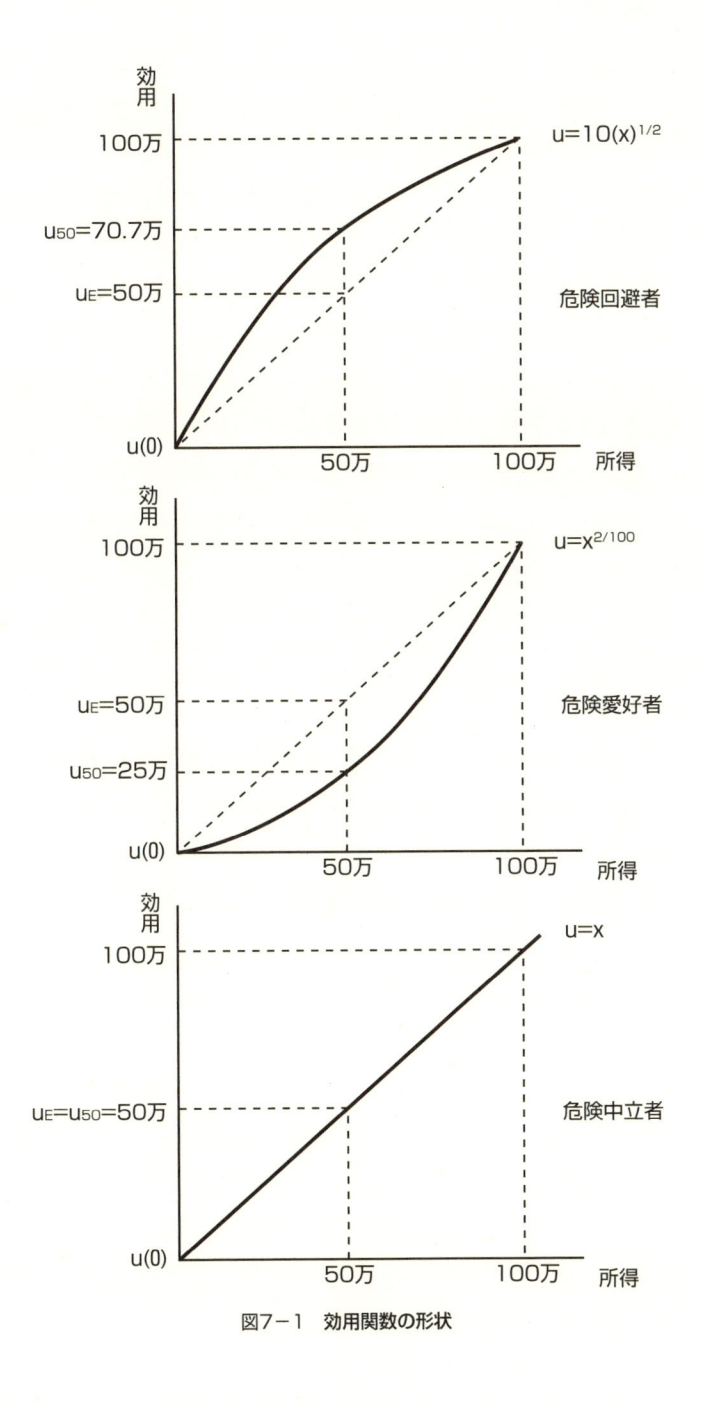

図7-1 効用関数の形状

- 危険回避者: $u = 10(x)^{1/2}$, $u_{50} = 70.7万$, $u_E = 50万$
- 危険愛好者: $u = x^{2/100}$, $u_E = 50万$, $u_{50} = 25万$
- 危険中立者: $u = x$, $u_E = u_{50} = 50万$

危険回避者の効用関数は $u = 10(x)^{1/2}$ です．所得が 50 のときの効用は $u_{50} = 70.7$ で 所得 x が増えるほど限界効用（du/dx）は逓減しており，効用関数は原点に対して凹になります．危険愛好者の効用関数は $u = (x)^2 / 100$ で，所得が 50 のときの効用は $u_{50} = 25$ で，所得 x が増えるほど限界効用は逓増しており原点に対して凸になります．危険中立者の効用関数は $u = x$ で直線，所得が 50 のときの効用は $u_{50} = 50$ で，限界効用は一定です．

限界効用と先に登場した限界代替率の関係はどうなっているのでしょうか．第 1 章の図，1-1 で無差別曲線上の点が右下へ行けば，食料の量は増加，衣料の量は減少しています．衣料の減少分を dc，限界効用を MU_c，食料の増加分を df，限界効用を MU_f とします．すると，同一の無差別曲線上にあれば，$-dc \cdot MU_c = df \cdot MU_f$ になります．ゆえに，$-(dc/df) = MU_f/MU_c$ になります．

練習問題－1　　　　　　　　　　　　　　　　　　　　難易度：☆☆

［問題］ 効用関数を $u = u(x, y) = x^2 y^2$ で与えられるとします．x, y はそれぞれ財 X，財 Y の数量とします．このとき限界代替率を求め，限界代替率逓減の法則が成立しているかどうかを確認してください．

［解答］ 限界代替率は以下のようになります．$MRS = -dy/dx = MU_x$（財 X の限界効用）$/ MU_y$（財 Y の限界効用）$= 2xy^2 / 2x^2 y = y/x$．これを x で微分すると負になり（$-yx^{-2}$），限界代替率逓減の法則が成立しています．

練習問題－2　　　　　　　　　　　　　　　　難易度：☆（公務員試験改題）

［問題］ ある個人の所得は不確実で 50％の確率で 100 万円，50％の確率で 2700 万円になるとします．効用関数は $U = x^{(1/3)}$（x：所得（円））とします．この個人に y 円の所得を確実に与える保険が提供されたとき，y はいくら以上のはずですか．

［解答］ 期待効用 $= 0.5(1000000)^{(1/3)} + 0.5(27000000)^{(1/3)} = 200$．ゆえに $y^{(1/3)}$

≧ 200．3乗すると800万円以上であることがわかります．

練習問題－3   難易度：☆（公務員試験改題）

[問題] 1000円の所得を持っているが1000円の宝くじを買おうとしています．この宝くじの当たる確率は4%です．この宝くじの賞金はいくらですか．ただし，この人の所持金への効用関数は$U = Y^2$とします．

[解答] 宝くじの賞金をXとします．宝くじを買うことによる期待効用は$0.04 \times X^2 + (1 - 0.04) \times 0 = 0.04X^2$です．宝くじを買わない場合には$(1000)^2$です．前者は後者以上でなくてはいけません．$0.04X^2 \geq (1000)^2$になります．ゆえに5000円以上でなければなりません．

徐々に合理的な消費者になってきましたか．

練習問題－4   難易度：☆☆（公務員試験改題）

[問題] 富の額をWとします．ある消費者の効用関数が$U(W) = W^{1/2}$で与えられるとします．この消費者の現時点での富の所有額は10000です．そこで事前に保険料を支払うと事故が起きたときに損害を保障するような保険を考えます．事故が起こる確率を5%，事故が起きたときの損害を10000としたとき，この人が保険に加入するのは保険料がいくら以下のときですか．

[解答] 保険料をAとします．事故が起きたときの富は$W = 10000 - 10000 - A + 10000 = 10000 - A$です．事故が起きなかったときは$10000 - A$です．保険に加入したときの期待効用は$0.05(10000 - A)^{1/2} + 0.95(10000 - A)^{1/2}$，しなかったときは$0.05(0)^{1/2} + 0.95(10000)^{1/2} = 95$です．前者が後者を上回っているときすなわちAが975以下のとき加入します．

2 不完全情報市場

　完全競争の条件の1つに，個々の経済主体は完全な情報を持っている，というものがありました．しかし，市場参加者が財に関する情報を十分には持っていないと考えるのがより現実的でしょう．このとき，財の価格と数量はどのように決定されるのでしょうか．ミクロ経済学はそのようなケースに関しても明快な解答を与えてくれます．

　経済学ではレモンの市場という言葉を用います．レモンという言葉には，俗語として不良品，とくに欠陥のある中古車を指すことがあります．市場で売買される中古車にはときにレモンが混じっていることは想像できるでしょう．質の異なる財が混じっており，しかもその判別がしにくい市場をレモンの市場と言います．この市場では，買い手は売り手に比べて情報が少ない，いわば情報の非対称性が存在することになります．

　高品質の車と低品質の車を考えましょう．情報は完全であると仮定します．このとき，高品質の車，低品質の車それぞれに需要曲線，供給曲線が存在する

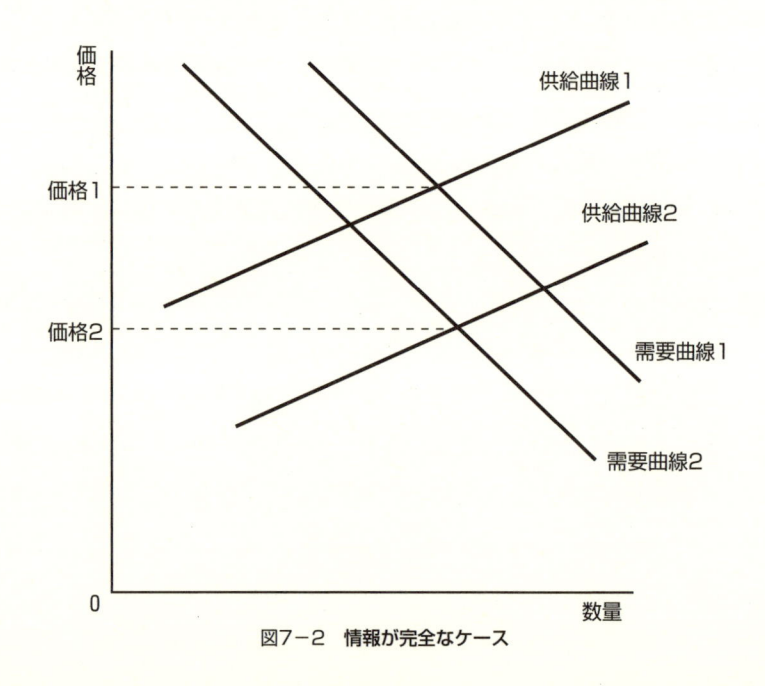

図7-2　情報が完全なケース

ことになります．図7-2がそれを示しています．図で「1」は高品質，「2」は低品質を示すとします．

需要曲線，供給曲線とも，高品質の場合には上方に位置します．もちろん価格は高品質のものが高くなり，低価格のものとの差は品質です．

次に情報がない場合にはどうなるでしょうか．売り手にも買い手にもないとしましょう．その際には，平均的な行動をとるものと考えられます．図7-3を参考にしてください．ここで，「3」は平均を表すとします．縦軸の価格に「′」が付記されているケースがありますが，しばらく無視してください．

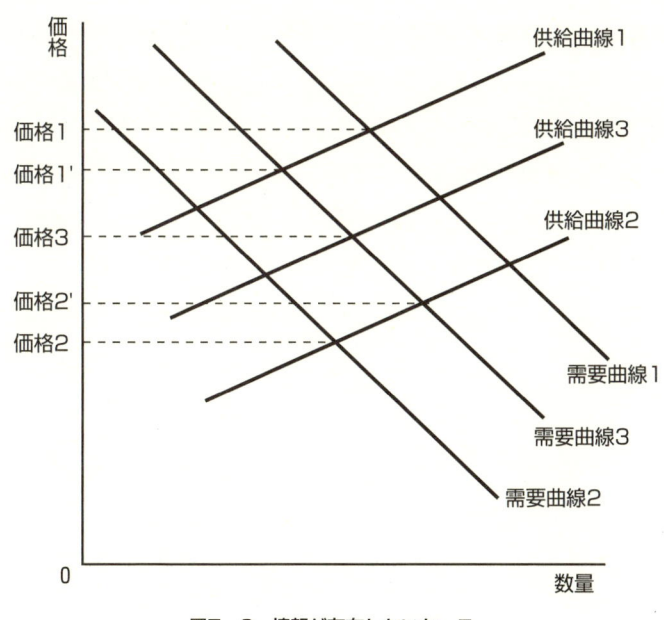

図7-3 情報が存在しないケース

高品質の車の需要曲線と低品質の車の需要曲線から，車の品質が平均的であると考えたときの需要曲線と供給曲線が求められます．そして価格が決まります．価格は価格1と価格2の間，すなわち高品質と低品質の価格の中間に決まることになります．

最後に，非対称の情報が存在する場合にはどうでしょうか．売り手は車の品

質について完全な情報を持っており，買い手は情報をまったく保有していないとします．この場合，売り手は品質ごとの供給曲線を保有しますが，買い手は平均的に行動すると考えます．先ほどの図7-3を再度確認してください．

図7-3では交点が2つ生じています．高品質の供給曲線と平均的な需要曲線の交点（価格1′），低品質の供給曲線と平均的な需要曲線の交点（価格2′）の2点です．しかしこれらは均衡点ではありません．前者では売り手が後者では買い手が不満を感じます．しかし，買い手は情報を持っておらず，行動を変えることはできません．高品質の売り手がこうした状況に不満を感じるのは容易に想像がつくことでしょう．

高品質の売り手は市場から撤退をしていきます．これがいわゆるレモンの市場の典型的な例としてあげられるものです．このケースを学習して，「悪貨が良貨を駆逐する」というグレシャムの法則を思い浮かべた人がいるかもしれません．今のケースは類似したケースであると言うことができます．

以上で，ミクロ経済学に関する学習を一通り終えました．やや現実と乖離した側面も時にあったかもしれませんが，その学問的面白さ，理論分析の明快さ，精緻さに感銘を受けた人も多いでしょう．次章以降，マクロ経済学を学習していきます．

第Ⅱ部

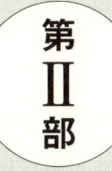

マクロ経済学

マクロ経済学は，個別の経済主体の経済活動を集計した，一国の経済全体を扱う経済学です．マクロ経済変数の決定やその変化，変動に注目し，望ましい経済変数や経済政策とは何か？分析します．国際金融論，金融論など，経済学の応用分野を学ぶ上の基礎的な学問領域としても位置づけられます．物価，所得，雇用，成長など，わたくしたちの生活との関連も深く，より身近に感じられる学問分野かと思います．

第Ⅱ部 マクロ経済学

第8章　国民所得とは

1 国民所得の内容

第8章からはマクロ経済学と呼ばれる分野の勉強をします．マクロ経済学とはどのような経済学なのか，それは前書きで説明しました．

マクロ経済学に登場する経済主体は，家計，企業，政府の3部門です．ときに，金融部門や海外部門が加わることがあります．

家計部門は消費者の集合です．財やサービスの最終的な消費主体になりますし，労働の供給を行います．また所得のうち消費しなかった部分は貯蓄となり，それが新たな経済活動を生むことになります．

企業部門は生産者の集合です．財やサービスの供給主体であり，労働を需要します．

政府は，財政と金融当局からなります．財政当局は政府支出を行い，民間ではなしえない公共的な需要を満たします．その資金は主として，家計部門と企業部門から税金の形で徴収されます．金融当局は中央銀行を中心として金融政策を行ったり金融システムの安定化を図り，金融・経済活動に影響を与えます．

国民所得とは，国民総生産や国民純生産といった概念を総括するものとして用いられます．それらの説明をする前に，付加価値という，やや聞き慣れない概念を説明しなければなりません．

付加価値とは，文字通り新たに付け加わった価値のことです．ゴムを生産する企業が1億円で原材料を仕入れ，10億円のゴムを生産したとします．中間投入物を無視すれば（以下同様），付加価値は9億円です．これにタイヤを生産する企業が60億円のタイヤを生産したとします．すると付加価値は50億円になります．

いよいよGDPとGNIの説明です．GDP（国内総生産：Gross Domestic Product）とは，国内で1年間に造りだされた付加価値の合計です．それに対してGNI（国民総所得：Gross National Income）とは，国民が1年間に造りだした付加価値の合計です．GNIとGDPの間には，GNI ≡ GDP + 外国からの所

得の受け取り−外国への所得の支払い，といった関係が成立します．以前用いられた GNP（国民総生産：Gross National Product）は，今では GNI に変化しています．

最後に，国内純生産（NDP）とは，GDP から減価償却費を差し引いたもので，国民純所得（NNI）とは GNI から減価償却費を差し引いたものです．国民所得とは，NNI から間接税を差し引き補助金を加えたものです．

2 三面等価の原則

1 では生産から見た GDP と GNI について説明しました．この GDP を分配から見るとどうなるでしょうか．つくり出された GDP は家計，企業，政府に分配され，それぞれの所得になります．すなわち，分配面からみた GDP = 雇用者報酬 + 営業余剰・混合所得 + 固定資本消耗 + 生産・輸入品に課される税 − 補助金になります．

雇用者所得は賃金と考えてください．営業余剰は企業部門の営業活動の結果として生じるもの，混合所得は個人企業などの各種所得の合計，固定資本消耗は生産活動によって減価した資本財価値です．（生産・輸入品に課される税 − 補助金）は政府の純租税収入になります．

次に，分配された GDP はどのように使われるのでしょうか．支出面から GDP を見ましょう．支出面から見た GDP（国内総支出：GDE）Y = 民間最終消費支出 C + 政府最終消費支出 G + 国内総固定資本形成 I + 在庫品増加 N + 財貨・サービスの輸出 X − 財貨・サービスの輸入 M になります．一般に，$Y = C + I + G + N + X - M$ で表します．

GDP は生産から見ても，分配から見ても，支出から見ても常に等価です．これを三面等価の原則と言います．

練習問題−1

難易度：☆

問題 下記のもののうち GDP に計算されるものはどれでしょうか．1) 主婦（主夫）による家事労働，2) 家族による介護労働，3) 中古品の売却，4)

自己所有家屋の帰属家賃，5) 農家による農作物の自家消費，6) 警察や消防

解答 4)，5)，6) が計上されます．（ただし，1) についてはそれを計上しようとする動きもあります．）慣例的なものもありますので，注意してください．公務員試験を受験する人には必須事項です．

3 代表的な経済指数

代表的な経済指数をいくつか紹介しましょう．実質 GDP は物価の変動による影響を取り除き，その年に生産された実質的な財の価値を算出したものです．また，名目 GDP を実質 GDP で割ったものが GDP デフレータです．デフレーターとは名目値から実質値を産出するために用いられるものです．実質値，名目値，デフレータの間には，実質値 ＝ 名目値／デフレータという関係が成立することになります．

物価指数としては，消費者物価指数（CPI: Consumer Price Index），企業物価指数（CGPI: Corporate Goods Price Index）の 2 つがよく用いられます．前者は世帯の消費に関わる財とサービスの小売価格（Retail Price）をベースにしています．後者は生産段階での財の価格をベースにしていて，サービスは含まれていません．なお，かつての卸売物価指数（Wholesale Price Index）は事実上，企業物価指数に衣替えしました．流通機構の変化などを配慮したものです．

指数としては，ラスパイレス型指数とパーシェ型指数というものがあります．前者は基準時の数量によって加重平均するもの，後者は比較時の数量によって加重平均するものです．入手すべきデータが少ないのが前者であることはわかると思います．そこで，CPI，CGPI は前者で求められています．これに対して GDP デフレータは後者です．

その他，金融市場で用いられる経済変数については，他の章で紹介することにしましょう．

以上，重要な経済変数・マクロ変数の説明をしてきました．私の学生時代と比べると，経済データは非常に入手しやすくなりました．もちろん有料のデー

タも多いのですが，無料のデータも数多く入手することができます．総務省統計局，日本銀行，財務省，内閣府経済社会総合研究所，各都道府県などのHPで現実のデータの確認もしてください．

　最後に，今後，種々のデータを用いて計量・統計分析を試みることが出てくると思います．最近は統計ソフトの普及で，何らかの結果を出すことは容易になりました．その反面，ジャンクな分析も多いように感じます．計量・統計分析をしっかりと理解した上で行うことはもちろんですが，その一方，種々のデータの性質，データの変更などをきちんと把握することがより求められているように思われます．例えば，国内のインフレ率を分析する際に思いつくデータはCPIでしょう．しかしそれには輸入品が含まれています．国内品のみの分析をしたいならば，輸入品の影響を省いているGDPデフレータを用いるべきでしょう．また，CPIとGDPデフレータを比べてみると，後者は価格低下の影響を受けやすい傾向があります．価格低下が強く表れる流通機構の川下の価格を反映するためです（GDPデフレータは付加価値で計ります）．こうした問題もきちんと理解すべきでしょう．

第II部 マクロ経済学

第9章　均衡所得の決定

1 所得決定の考え方

本章での出発点は，国民所得は財やサービスに対する有効需要の原理により決まると考えます．有効需要とは，所得に基づいて各人が計画した需要のことです．

有効需要の原理によると，最も単純な国民所得は以下の均衡式で決定されることになります．

$$Y = C(Y) + I$$

左辺のYは国民所得で，財に対する供給を表しています．右辺はその国民所得の下での消費需要と投資需要の合計です．この式では任意のYの値に関して成立することを意味していません．この式が成立するようにYの水準が決定されると考えます．左辺が右辺より大きければ需要不足（超過供給），右辺が大きければ供給不足（超過需要）の状態になっていることがわかると思います．

2 消費関数

消費の代表的な理論として，モディリアーニという学者があげたのは，消費は現在の可処分所得（disposable income）（所得から税額などを引いたもの）ではなく，生涯所得（lifetime income）（一生の間に稼ぐ可処分所得の総額）によって決定されるという，「ライフサイクル仮説」という考え方です．また，フリードマンという学者があげたのは，「恒常所得仮説（permanent income theory）」です．これは，消費の決定要因を現在の可処分所得ではなく，現在から将来にかけて稼ぐことのできる可処分所得の平均値から考えるものです．これらに対して，特に所得の低い層では「流動性制約」と呼ばれる借り入れの制約があり，消費は現在の可処分所得に強く影響される流動性制約を考慮するアプローチも出されています．

消費は様々な要因によって決定されます．そのなかでも最も重要な要因は所

得であることに異論はないでしょう．所得と消費の関係はC(Y)と表現することができます．そして所得が増加すれば一般に消費も増加します．所得がわずかに増加した場合に，その増加分に対する消費の増加分の比率を限界消費性向と言います．消費の増加分をΔC，所得の増加分をΔYとすると，$\Delta C / \Delta Y$になります．限界消費性向は一定とは限りませんが，それを一定と仮定すると，$C(Y) = cY + C_0$で表現されます．cは限界消費性向，C_0は所得に依存しない基礎的消費と呼ばれます．

図9-1は消費関数を表しています．限界消費性向のイメージをつかんでください．図では原点と消費関数上の点を結んだ直線の傾きは平均消費性向になります．確認してください．

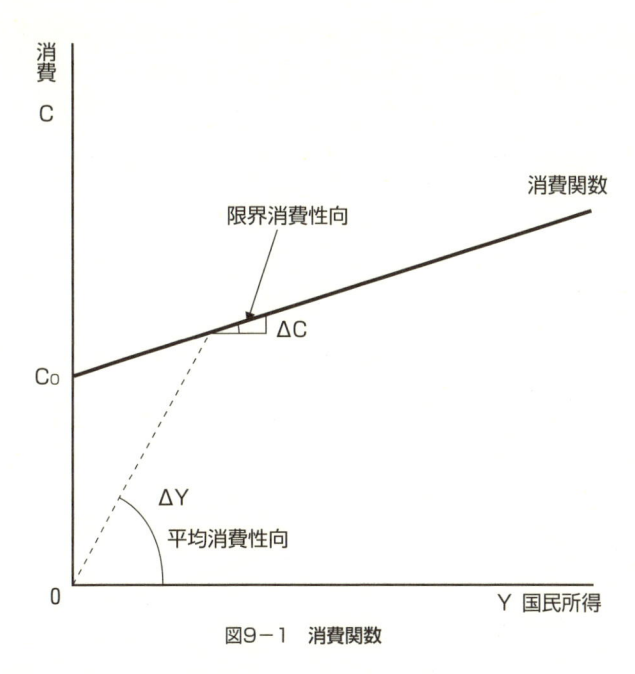

図9-1　消費関数

一方，貯蓄は所得から消費を引いたもので，下記によって表されます．
$S(Y) = Y - C(Y)$

3 投資関数

通常，投資を行うには資金調達をしなければなりません．そのための費用を決定する最重要な要因は利子率と考えられます．なぜなら，投資資金を自己資金で調達した場合でも，その資金が他の形で運用されれば利子率に見合う収益を得ることができるからです．すなわち，利子率が与えられたときに，追加的な投資を行うかどうかは，その際の限界収益率が利子率よりも大きいか否かによります．限界収益率の方が利子率よりも大きければ投資を行うべきです．もちろん小さければ行うべきではありません．したがって，利子率と限界収益率が一致するところで投資は行われることになります．

投資量を I，利子率を r とすると，投資関数 $I = I(r)$ を導くことができます．投資の限界収益率は横軸に投資量をとると右下がりなので，利子率が上がれば投資は減少します．図9-2を参考にしてください．

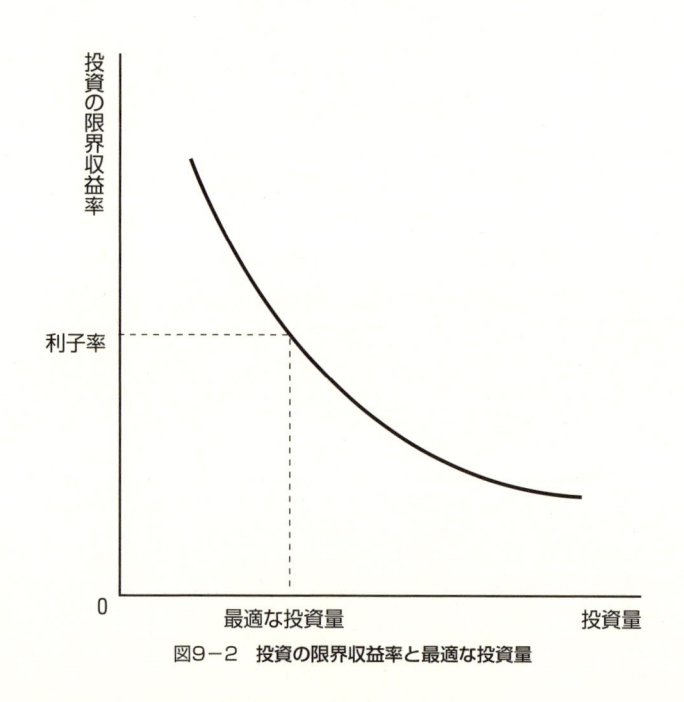

図9-2 投資の限界収益率と最適な投資量

やや異なる観点から投資を分析したのがトービンです．今でもよく引用され

るトービンの q とは，（株式市場で評価された企業の価値＋負債総額）／資本の再取得価格，で定義されます．分子第 1 項は，企業が発行した株式の総額です．分母は資本財の価値をその時点の価格で評価したものです．この値が 1 より大きければ，企業には資本ストックの増加が望ましいことになりますから，新たな投資を行うことになります．

4 均衡国民所得

国民所得の均衡の式は 1 で示しました．図 9-3 を見てください．図では消費需要と投資需要の合計を表すグラフと 45 度線が描かれています．

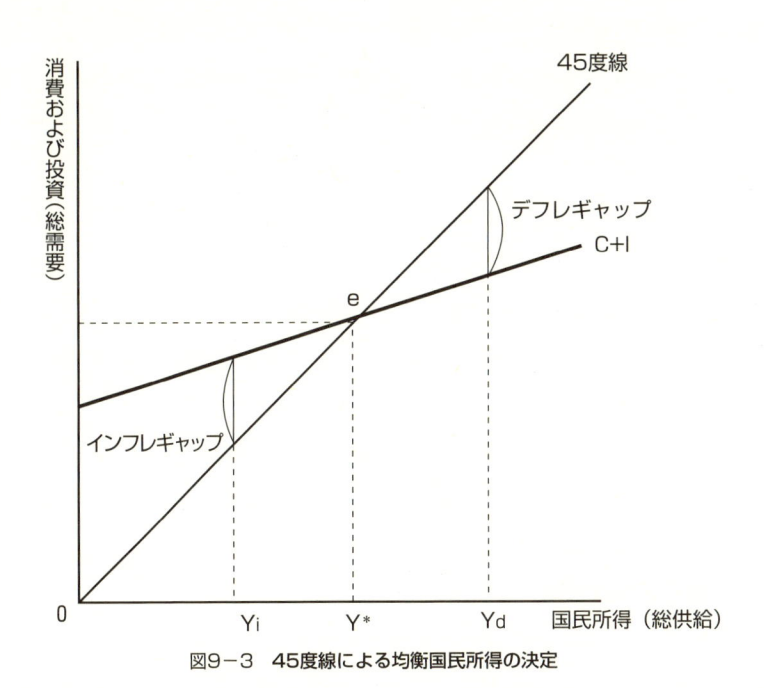

図 9-3　45 度線による均衡国民所得の決定

2 つの直線の交点が均衡点になります．

縦軸は消費需要と投資需要の合計，すなわち総需要です．それに対して横軸は総供給です．総需要が総供給 Y_i を上回っている場合には，インフレ・ギャップが存在し，インフレーションが引き起こされる誘引になります．それに対

して総需要が総供給 Y_d を下回っている場合には，デフレ・ギャップが存在し，デフレが引き起こされる誘引になります．45度線とは，総需要と総供給が一致している点の軌跡です．

したがって，均衡点 e は 2 つの直線の交点になり，総供給は Y^* です．

練習問題－1　　　　　　　　　　　　　　　　　　　　難易度：☆

問題　$C = 0.75Y + 50$（C：消費，Y：国民所得），$I = 200$（I：投資）とします．完全雇用国民所得が 800 にあったとします．この国はどれだけのインフレ・ギャップ，またはデフレ・ギャップにありますか．

解答　$Y = 0.75Y + 250$ より均衡点は $Y = 1000$．完全雇用国民所得水準は 800 で，そのときの総需要は $0.75 \times 800 + 250 = 850$ です．ゆえにインフレギャップは 50 になります．

練習問題－2　　　　　　　　　　　　　　　　　　　　難易度：☆

問題　$Y = C + I + G$, $C = 50 + 0.8(Y - T)$, $I = 80$, $T = tY$ でマクロ経済が示されるとします（Y：国民所得，C：消費，I：投資，G：政府支出，T：税収，t：税率）．政府支出を 100 としますと，均衡予算を実現するためには税率 t をいくらにしなければならないですか．

解答　均衡予算より $T = G = 100$ になります．$Y = 750$ になりますので，それを代入すると $t = 2/15$ を導くことができます．

5　需要の変化と乗数効果

需要が変化した場合に，国民所得はどのように変化するのでしょうか．投資が ΔI 増加すると，$Y = C(Y) + I$ は $Y = C(Y) + I + \Delta I$ になります．しかし，国民所得の増加分は ΔI にはなりません．図 9-4 を見てください．

第 9 章 均衡所得の決定

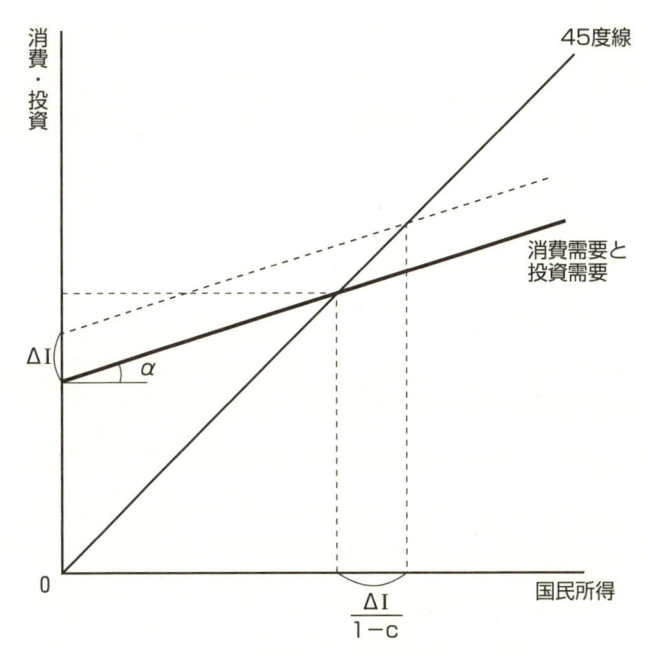

図9-4　投資の増加と均衡国民所得の決定

　投資額が増加したため，総需要を表すグラフは投資の増加分のみ上方へシフトします．その新しいグラフと 45 度線との交点が新しい均衡国民所得になります．国民所得の増加分は，投資の増加分 ΔI よりも大きく，限界消費性向を c とすると $\Delta I/(1-c)$ であることが図から読み取れます．

　これは以下のように説明できます．はじめに投資が増加します．次にその一部，すなわち投資の増加分に限界消費性向を掛けた分の消費が増加します．さらにその消費の増加分に限界消費性向を掛けた分の消費の増加が生じますが，これは最初の投資の増加分に限界消費性向を 2 回掛けたものになります．次に投資額の増加分に限界消費性向を 3 回掛けた分の消費が発生します．投資の増加分を ΔI，限界消費性向を c とします．すると，$\Delta I + c\Delta I + c^2\Delta I + c^3\Delta I +$ ……といったように，投資の増加分を初項として，限界消費性向 c を公比とした等比数列の和が消費の増加分になります．限界消費性向は 1 より小さいですから，$\Delta I/(1-c)$ が総和になります．ゆえに Y の増加分は $\Delta Y = \Delta I/(1-c)$

になります．そして $1/(1-c)$ が乗数です．限界消費性向が 0.9 であれば，初期投資の増加分の 10 倍にあたる国民所得の増加が生じることになります．10 が乗数です．同じく，限界消費性向が 0.8 であれば，乗数は 5，すなわち国民所得の増加は 5 倍になります．その値の大きさに驚きませんか．

最後に財政の話をしておきましょう．ここでは均衡予算乗数と呼ばれる考え方を紹介します．練習問題で先に数値例を学習しましたが，その説明をより一般的な形で行うと理解してください．

税収 T と政府支出 G を同額増加させるというのが，均衡予算の考え方ですが，その際の乗数が均衡予算乗数と呼ばれます．先の式は $Y = C_0 + c(Y-T) + I + G$ と表されます．C_0 は基礎的消費，c は限界消費性向でした．変化をとると，$\Delta Y = c\Delta Y - c\Delta T + \Delta G$ になります．$\Delta T = \Delta G$ ですから，$\Delta Y / \Delta G = 1$ になります．ゆえに，均衡予算を維持しながら政府支出を増加させる場合の乗数は常に 1 になります．

第10章 IS-LM 分析

1 貨幣需要と貨幣供給

＜貨幣需要＞

　これまでは，財市場のみを分析の対象としてきました．しかし，金融市場の分析も経済を見る上において必要不可欠です．貨幣を需要する動機はどこにありますか．諸君も考えてください．経済学では，3つの動機をあげます．

　まず取引動機です．われわれは経済取引のために貨幣を保有します．この動機に基づく貨幣需要は主に所得に依存し，所得が増加すれば貨幣需要も大きくなります．次に予備的動機です．不意の出費などに備え，貨幣を保有します．これも主として所得に依存すると思われます．最後に投機的動機です．資産保有のための貨幣需要です．この動機は主として利子率に依存し，利子率の上昇は債券などの保有が有利になりますので，貨幣需要は減少します．この3点を貨幣需要の動機として考えるのが一般的です．

　次に，貨幣供給とは何でしょうか．

＜貨幣供給＞

　貨幣供給，すなわちマネーサプライとは，「金融部門から経済全体に供給されている通貨の総量」です．具体的には，一般法人，個人，地方公共団体などの通貨保有主体（＝金融機関・中央政府以外の経済主体）が保有する通貨量の残高です．銀行などがそこに含まれないことに気を付けてください．通貨（マネー）としてどのような金融商品を含めるかについては，国や時代によっても異なっており，一義的に決まっているわけではありませんが，わが国の場合，対象とする通貨の範囲に応じて，M1，M2＋CD，M3＋CD，広義流動性といった4つの指標を作成・公表しています．

　M1とは，現金通貨（銀行券，貨幣）＋預金通貨（当座，普通預金等）です．M2＋CDは，M1＋準通貨（定期預金等）＋CD（譲渡性預金）です．M3＋CDとは，M2＋CD＋郵便貯金＋その他金融機関預貯金＋金銭信託です．最後に広義流動性とは，M3＋CD＋金銭信託以外の金銭の信託＋投資信託＋

金融債＋金融機関発行 CP＋債券現先・現金担保付債券貸借＋国債・FB＋外債のことです．

このうち最も代表的な指標は，M2＋CD です．これは，他の指標に比べ，実体経済や物価との関係を長期的に見た場合において，相対的に安定していることによるものです．われわれが日常生活で用いている貨幣について，理解ができましたか．

2 IS 曲線

さて，再び理論的な話しに戻りましょう．本章で紹介する理論的な枠組み，すなわち IS-LM 分析は，ケインズ派のマクロ経済体系と考えられます．

IS 曲線とは，一言で言えば，生産物市場での財の均衡を表します．Y は国民所得，I は投資，r は利子率とするとき，財市場の均衡は以下の式で表すことができます．

$Y = C + I(r)$

両辺から C を差し引くと，

$Y - C = I(r)$

左辺は貯蓄 S で，

$Y - C = S$

$S = I(r)$

です．これで IS と呼ばれる理由が理解できたと思います．

ここで消費は

$C = C_0 + cY$

と考えます．C_0 は基礎的消費で，所得と関係なく出費される部分でした．cY は所得 Y にリンクした部分で，Y の前に付いている c は限界消費性向を表しました．すると，

$Y = C_0 + cY + I(r)$

です．

I(r) は，利子率の変化が投資に影響を与えることを意味します．一般に利

子率の上昇は投資を減少させることは以前に確認しました.

利子率 r が上昇した場合は投資の減少を通じて右辺の値を減少させます. 右辺と左辺の値は均衡しなければなりませんから, 国民所得である Y が減少しなければなりません. ゆえに, r と Y をそれぞれ縦軸, 横軸にとりグラフを描くと右下がりになります. この曲線は説明したように S と I との関係を Y と r とのグラフで示したものですから IS 曲線と呼ばれます. 図10-1が IS 曲線です.

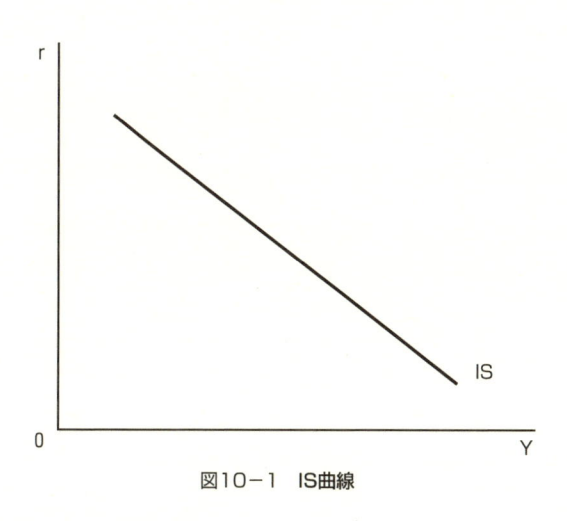

図10-1　IS曲線

3 LM 曲線と所得・金利の決定

LM 曲線は貨幣市場の均衡を表します. L は流動性 (liquidity), M は貨幣 (money) を表します. 下記の式で, 外生変数である貨幣供給量 (マネーサプライ) M を一定に与えたときの貨幣市場を均衡させる r と Y の関係を表します.

$M = L(Y, r)$

左辺の M は貨幣供給量を表し, 政策当局によって決定される変数で, 右辺の L は貨幣需要関数で, 貨幣需要が Y と利子率 r により決定されることを示しています. ちなみに Y が増加すると貨幣需要は増加し, 利子率 r が上昇すると債券などに投資する方が有利となり, 貨幣需要は減少します. この点も学習済みです.

さて, r と Y の関係はどうなるのでしょうか. 上式左辺の貨幣供給を一定に

すると，右辺の貨幣需要も等しく一定でなければなりません．もしYが上昇すると貨幣需要は増加しようとしますが，それを打ち消すためには利子率が上昇して貨幣需要を減らさなければなりません．したがってrとMの関係を示すLM曲線は右上がりになります．図10-2はLM曲線を表しています．

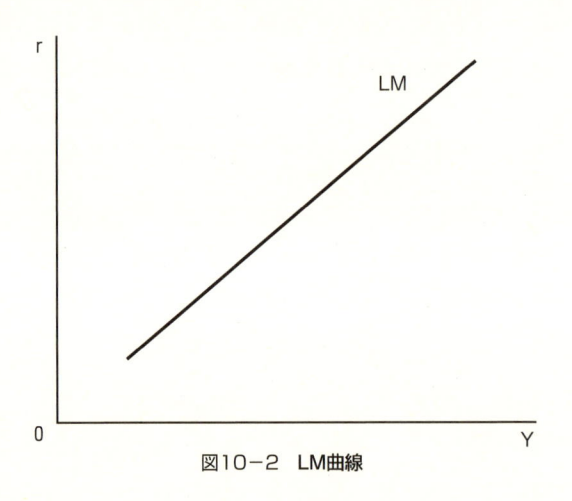

図10-2 LM曲線

IS-LM曲線を同時に描くと図10-3のようになります．この交点でマクロ経済は均衡します．

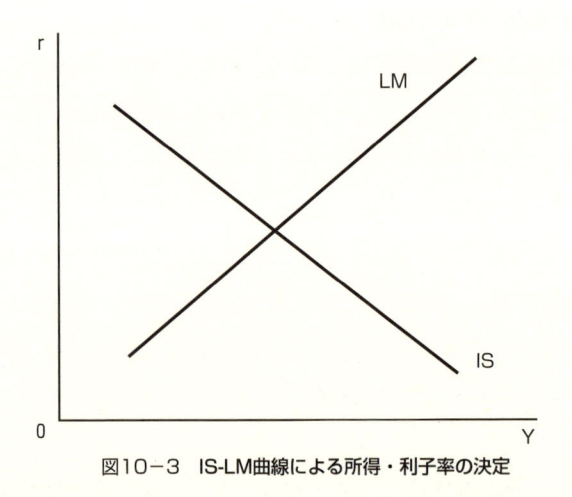

図10-3 IS-LM曲線による所得・利子率の決定

話を少し前に戻しますが,古典派は貨幣需要関数に関してやや異なる見方をしています.一言で言えば,貨幣需要が国民所得 Y のみに依拠するというもので,利子率には依拠しないと考えます.その代表的な考え方の1つが,フィッシャーの交換方程式と呼ばれるものです.それは,$MV = PT$ で表現できます.M は貨幣の流通量,T は経済全体の取引量,P は物価水準です.V は貨幣の流通速度で,貨幣が一定期間中に何回使われたかを示すものです.ゆえに左辺は一定期間に貨幣を用いて行われた取引,右辺は経済全体の取引を示します.

一般に流通速度は短期では一定と考えます.そして T が貨幣量 M と独立に決定されると考えれば,P は M と同一の割合で動きます.このように貨幣は物価水準のみを決定すると考えるのです.

ところが,PT は名目国民所得 PY と安定的な関係を持つと考えられます.すると,$MV = PY$ になります.ここで v の逆数,すなわち $1/v = k$ としますと,$M = kPY$ です.この k はマーシャルの k,式全体はケンブリッジ方程式と呼ばれます.

これらは貨幣数量説を表す式として頻繁に用いられます.

練習問題-1

難易度:☆

問題 IS-LM 体系が,$Y = C + I + G$,$C = 30 + 0.8(Y - T)$,$T = tY$,$I = 60 - 200r$,$L = 1.2Y - 600r$,$M = 570$ で与えられるとします.$G = 100$ のとき,均衡予算を実現するための税率はいくらでしょうか.ただし,Y:産出量,C:消費,I:投資,G:政府支出,T:税収,t:税率,r:利子率,M:貨幣供給量,L:貨幣需要とします.

解答 均衡予算という仮定がありますので,$T = 100$ として IS-LM の連立方程式を解いてください.0.2 が正解になります.均衡予算という考え方は学習済みです.

4 金融・財政政策

＜金融政策＞

　金融政策，財政政策とは何でしょうか．別章のオープンマクロ経済学の世界にもかかわってきます．

　まず，公開市場操作とは，中央銀行が金融調節の目的で有価証券や手形の売買を短期金融市場で行うことで，市中の資金需要の調節をねらいとするものです．日本銀行が有価証券や手形を市中銀行から購入することは「買いオペ（オペレーション）」と呼ばれ，一般に不況の際に施行されます．世の中にお金を流通させるのです．売却することは「売りオペ」と呼ばれ，景気が過熱気味の時に実施されます．世の中からお金を吸収するのです．現在，オペの手段としては短期国債買現先オペ，短期国債買入オペ，国債借入オペ（レポオペ），CP買現先オペ，手形買入オペ，国債買入オペ，短期国債売現先オペ，短期国債売却オペ，手形売出オペなどがあります．公開市場操作は従来，米国や英国での金融政策の代表的な手段でしたが，近年では日本でもTB（短期国債）市場の充実などにより，公開市場操作は金融政策の中心になりつつあります．なかでもオペ対象としては，国債レポオペが増加しています．

　公定歩合政策とはどのようなものでしょうか．公定歩合とは日本銀行が民間銀行に貸し出すときに適用される金利です．例えば，不景気の時には公定歩合を引き下げて景気を活性化させ，景気が過熱してインフレーションが懸念される時には公定歩合を引き上げて景気を抑制しようとします．しかし1994年の金利自由化により，日本銀行は，公定歩合適用の日銀貸出しを金融調節の手段としないことを明言したため，公定歩合の金融手段としての地位は大きく後退しています．

　次に準備率操作について説明しましょう．民間銀行に対して預金などの一定割合を中央銀行に預けることを義務付ける制度です．この制度によって義務付けられた民間銀行の債務（主に預金）に対する中央銀行預金の割合を支払準備率と言い，中央銀行はその比率を操作して民間銀行の貸出し行動に影響を与えることができます．支払準備率の上昇は景気の過熱を抑制する際に用いられ，

下落は景気拡大の目的で使用されます．

　この制度は当初，預金の支払不能や銀行の倒産防止を目的に設立されましたが，近年，各国ではこれを廃止したり，継続していても引き下げるケースが多くなっています．理由としては預金取り扱い機関のみにこれを適用することが不公平であること，金融革新によって支払準備と関係のない商品が多くなってきたことなどがあげられます．

　金融政策の手段として，窓口規制とか，道徳的説得といった言葉を見聞した人がいるかもしれませんが，日本では廃止されています．

　以上が金融政策の手段で，これらは日本固有の制度ではなく，多くの諸外国でも用いられている制度です．なかでも公開市場操作は世界各国で中核的な金融政策手段になっています．

＜財政政策＞

財政政策は以下の2つに大別されます．
1) 税額・税率の変更
2) 公共投資など政府支出の増減

　景気の回復，拡張をめざすには，1) に関しては減税，2) に関しては増税が図られます．この説明は不要でしょう．ただし，付随する効果が現れることに注意しなければなりません．以下，減税のケースで説明しましょう．

　減税で民間の消費や投資活動は活発になりますが，それは資金需要の増加を招くことになりますから，金利は上昇します．また政府が減税の財源確保のために公債を発行すれば，民間の資金は公債に吸収され金利は上がります．こうした動きにより民間投資の一部が阻害される現象をクラウディング・アウト (crowding-out) と呼びます．英語の意味は「締め出す」です．すなわち，景気にマイナスの影響を与える可能性があることを意味します．

　ビルトイン・スタビライザーという言葉を聞いたことがありますか．これは，日本語では「自動安定化装置」などと訳されていて，安定指標は，1−(税収を考慮した投資乗数／税収を考慮しない投資乗数)，と定義されています．乗数理論により，政府は支出や租税を変化させ国民所得水準を変えることができま

す．しかし，こうした操作を行わなくても，財政の仕組みが，景気の安定を自動的に調整する機能が存在する場合，ビルトイン・スタビライザーと言います．

金融政策と財政政策の効果を比較すると，一般に，決定や実施の早さには金融政策に時間上のメリットがあります．一方，効果については直接経済活動に影響を与えることができる財政政策にメリットがあると考えるのが通常です．

練習問題－2　　　　　　　　　　　　　　　　　　　　　難易度：☆

[問題] 5兆円の減税を課したときの国民所得の増加額はいくらですか．限界性向は0.8とします．その他の条件は一切考えません．

[解答] Tを税額，cを限界消費性向とすると，国民所得Yの変化は$\Delta Y = \Delta T / (1-c)$になります．この式に各々の値を代入すれば，25兆円という解答を得ることができます．

練習問題－3　　　　　　　　　　　　　　　　　　　　　難易度：☆☆

[問題] ある国のマクロ経済が以下に示されるとします．$C = 0.75Y + 40$, $I = 65 - 1000r$, $L = 175 + 0.25Y - 1000r$, $M = 200$, $G = 30$．ただし，Y：国民所得，C：消費，I：投資，G：政府支出，r：利子率，L：貨幣需要，M：貨幣供給．完全雇用を達成する国民所得水準は400とします．完全雇用を実現するためには，政府支出をどれだけ増加させなければなりませんか．

[解答] IS曲線とLM曲線の均衡式を求めてください．2つの式の連立方程式より政府支出の増加は20になります．

練習問題－4　　　　　　　　　　　　　　　　　　　　　難易度：☆

[問題] ある国のマクロ経済が次のように与えられているとします．$Y = C + I + G$, $C = 0.8Y$, $I = 60 - r$, $G = 20$, $M/P = Y - 2r$, $M = 330$, $P = 1$．ただし，Y：国民所得，C：消費，I：投資，r：利子率，G：政府支出，M：貨幣供給量，P：物価水準です．政府が支出を27にしたとき，

クラウド・アウトされる投資額はいくらでしょうか．ただし，完全雇用国民所得は無視します．

解答 G = 20 の場合と 27 の場合の両方の投資額を比べます．やはり IS 曲線と LM 曲線をつくり，それらの連立方程式から Y と r の値を求めれば解答を導くことができます．正解は 5 です．

練習問題－5　　　　　　　　　　　　　　　難易度：☆（公務員試験改題）

問題 ある財の需要曲線と供給曲線がそれぞれ，d = 100 - p，s = p - 20 で与えられるとします．ただし，d：需要量，p：価格，s：供給量です．政府がこの財に従量税を課すとします．政府が 800 の利益を得るためには単位あたりの税額はいくらになりますか．

解答 税率を t とします．課税後の供給曲線は s = (p - t) - 20 になります．p は税込みの価格です．すると 100 - p = p - t - 20．これより p を求め d に代入すると，d = 40 - t／2 になります．税収 T は t・d = t (40 - t／2) です．T = 800 なので t = 40 になります．

練習問題－6　　　　　　　　　　　　　　　難易度：☆☆（公務員試験改題）

問題 マクロ経済が，$Y = C + I + G$，$C = C_0 + 0.8(Y - T)$，$I = I_0 - 1000r$，$M / P = 0.1Y - 500r$（Y：国民所得，C：消費，I：投資，G：政府支出，T：税収，r：利子率，M：貨幣供給量，P：物価，C_0；I_0：定数）で与えられるとします．政府が 10 兆円の増税を行うと，国民所得はいくら減少しますか．

解答 IS，LM 曲線の変化を求めます．LM 曲線の貨幣供給側の変化はゼロであることに気を付けてください．最終的に $\Delta Y = -2\Delta T$ を導くことができます．20 兆円の減少が正解です．

練習問題－7　　　　　　　　　　　　　　　難易度：☆（公務員試験改題）

問題 マクロ経済が，$Y = C + I + G$，$C = 0.8Y_p$，$Y_p = 0.75Y + 0.25Y_{-1}$ で与

えられるとします．ただし，Y：国民所得，C：消費，I：投資，Yp：恒常所得，Y_{-1}：1期前の所得，とします．短期の投資乗数を求めてください．

解答 $Y = 0.5Y_{-1} + 2.5I + 2.5G$ を導きことができます．これより，$\Delta Y / \Delta I = 2.5$ になります．2.5 が正解です．G には変化がないので，直接関係ありません．

5 IS-LM 曲線による金融・財政政策の効果

　金融政策として M を操作した場合を考えます．貨幣供給量 M を増加させたとします．不況から脱出を図るための政策手段は，いずれもこのような状況を招くことは，すでに勉強しました．IS 曲線は M が含まれませんから変わりません．LM 曲線では，式の両辺が均衡するためには貨幣需要も増加しなければなりません．そのためには同じ Y に対して r が減少するか，同じ r に対して Y が増加しなければなりません．ゆえに LM 曲線は右下方にシフトします．すると国民所得が増加しますので，金融政策の効果があることがわかります．

　こちらも不況からの脱出を図るケースですが，財政政策として政府支出 G を増加させた場合，LM 曲線は G が含まれていないので変わらず，IS 曲線では Y が増加するので，IS 曲線の左辺の Y を一定に保つためには，投資を減らすため r を上げる必要があります．したがって，右上方に IS 曲線がシフトします．これにより国民所得が増加するので，財政政策の効果があることが確認できると思います．

　しかし，ここでは例外的なケースの確認をすることにしましょう．図10-4 を見てください．

　まず，LM 曲線が水平な場合です．これは利子率が極めて低い状況で起こりえます．こうした状況下では，貨幣供給を増やしても利子率は低下せず，所得は増加しないので，金融政策は無効になり，財政政策のみが効力を持つことになります．したがって，証券ではなく貨幣を資産として保有する動きが起こります．ケインズはこのような場合を「流動性のわな」と名付けました．

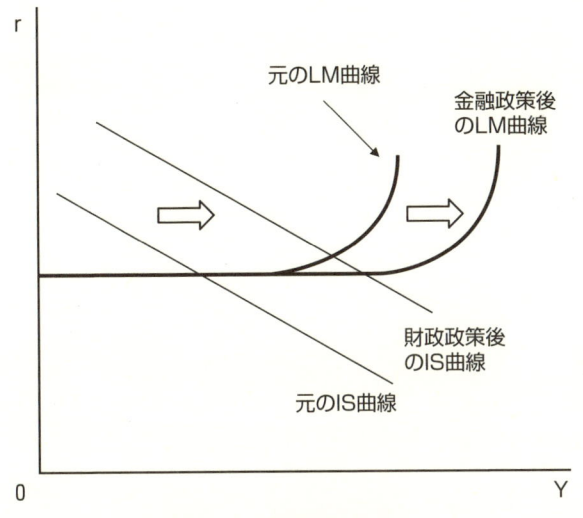

図10-4　金融政策の効果a

　1990年代初期から10余年に亘って続いた不況期では，日本の金利は断続的に下がり，最終的にはほぼゼロに近い状況になりました．一方，日本の財政状況は極めて厳しく，大幅な財政拡張はしにくい状況でした．そのような状況下で採られた金融政策が量的緩和策と呼ばれるものでした．

　この政策についてなど，日本経済をめぐる動向については，最終章で学習しましょう．

　また，貨幣需要が利子率に影響を受けないケースでは，LM曲線は垂直になります．先のケンブリッジ方程式はその例です．このとき財政政策は利子率に影響を与えるのみで国民所得に影響を与えず無効になります．

　次に投資が利子率に対して非弾力的なケース，つまり，投機的動機による貨幣需要がない場合にはどうなりますか．

　図10-5を見てください．このときIS曲線は垂直になります．この場合，政府が支出を増やしIS曲線を右にシフトさせても国民所得は増えず，利子率のみが上がり，100％のクラウディングアウトになります．

第Ⅱ部 マクロ経済学

図10-5　金融政策の効果b

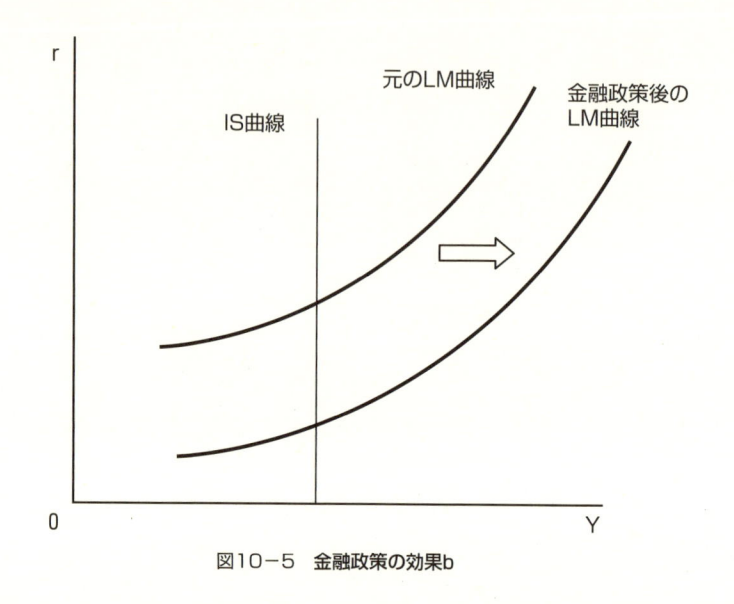

　最終章で述べるバブル経済期にはこうした状況が発生していたと考えられます．すると，金融政策は無効になり，財政政策のみが効力を持つことになります．

　金融政策，財政政策を考える場合に，こうした経済状況の考慮が必要なことが理解できたと思います．興味がある人は，IS, LM 曲線を推定して，金融政策，財政政策のシミュレーションを試みてください．大学では，2年次の配当科目として，計量経済学などの科目が用意されています．ここで学んだことをさまざまな分析を用いて検証してみることを勧めます．

　最後に練習問題を解いて，この章の学習を終えることにしましょう．

練習問題－8

難易度：☆

問題　完全雇用国民所得が500億円，現在の均衡国民所得が340億円，限界消費性向は0.8とします．減税によって完全雇用を達成するには，その規模をどれだけにすればよいですか．

解答　c を限界消費性向とし，Y の変化をとると，$\Delta Y = c\Delta Y - c\Delta T$ です．これに $c = 0.8$，$\Delta Y = 160$ を代入して減税規模40兆円が出てきます．

練習問題−9

難易度：☆☆

問題 恒常所得仮説が成立するマクロ経済が，$Y = C + I + CA$, $C = 0.8Y_p$, $Y_p = 0.5Y + 0.7Y_{-1}$, $CA = 80 - 0.2Y$ で示されるとします．ただし，Y：国民所得，C：消費，I：投資，CA：経常収支，Y_p：恒常所得，Y_{-1}：前期の国民所得，です．今期において国民所得を1兆円増加させるためには，投資をいくら増加させればよいでしょうか．

解答 $\Delta Y = \Delta C + \Delta I + \Delta CA = 0.8(0.5\Delta Y) + \Delta I - 0.2\Delta Y$ です．この式に $\Delta Y = 1$ 兆円を代入して $\Delta I = 8000$ 億円が正解です．恒常所得仮説については，すでに第9章で学習済みです．この問題に関して，その知識を必ずしも援用する必要はありませんが，せっかくの機会ですから他の消費に関する理論と併せて復習してください．

練習問題−10

難易度：☆☆☆ （公認会計士試験改題）

問題 一国の経済モデルが以下の式で与えられているとしましょう．

$Y = N^{(1/2)}$

$C = 151 + 0.7(Y - T)$

$T = 0.2Y - 70$

$I = 1110 - 20r$

$L = 0.2Y - 10r$

$M = 945$

$G = 1000$

$Y_F = 5200$

ただし，Y：国内総生産，N：労働力，C：民間消費，I：民間投資，G：政府支出，T：租税，r：利子率（％），L：貨幣需要，M：貨幣供給，Y_F：完全雇用時の国内総生産です．

このとき，1）均衡国内総生産と利子率，2）均衡状態での失業率，3）完全雇用実現のため，国債発行を市中消化で行う場合，中央銀行引き受けで行う場合，それぞれの国債発行量を求めてください．

解答 1) $Y = C + I + G$ と $L = M$ より $Y = 5000$, $r = 5.5$ になります. 2) 5200 を $Y = N^{(1/2)}$ に代入すると 2704 万人になります. 5000 を代入すると 2500 万人になります. $(2704 - 2500) / 2704$ で約 7.5% になります. 3) 市中消化の場合, IS 曲線は $r = -0.022Y + 115.5 + 0.05\Delta G$ になります. Y に 5200 を代入します. そして LM 曲線は $r = 0.02Y - 94.5$ ですが, それより $r = 9.5$ になります. すると $\Delta G = 168$ になります. 中央銀行引き受けの場合, IS 曲線は同じく $r = -0.022Y + 115.5 + 0.05\Delta G$ になります. LM 曲線は $r = 0.02Y - 94.5 - 0.1\Delta G$ になります. ゆえに $\Delta G = 56$ になります.

練習問題－11

難易度：☆☆☆　（公務員試験改題）

問題 一国の経済が $Y = C + I + G$, $C = 50 + 0.9(Y - T)$, $T = 0.2Y$, $I = 60 - 100r$, $M = (16/5)Y - 1000r$, $M = 10H$ で与えられるとします（Y：国民所得, C：消費所得, I：投資, G：政府支出, T：税収, r：利子率, M：貨幣供給量, H：ハイパワード・マネー）. 政府は $G - T = H - H_{-1}$ という条件を満たすように行動するとします. -1 は前期を表します. 政府が今期に支出 G を 1 兆円増加させるときに, 今期の国民所得はどうなるでしょうか. なお, ハイパワード・マネーとは, 現金通貨と銀行の預金準備の合計です.

解答 財市場の均衡条件より $\Delta Y = \Delta C + \Delta I + \Delta G = 0.9(\Delta Y - \Delta T) - 100\Delta r + \Delta G = 0.72\Delta Y - 100\Delta r + \Delta G$. 金融市場の均衡条件より $(16/5)\Delta Y - 1000\Delta r = 10\Delta H = 10(\Delta G - \Delta T) = 10(\Delta G - 0.2\Delta Y)$. ゆえに $\Delta Y = 2.5$ 兆円増加.

第11章　インフレーションと予想

1 総需要関数と総供給関数

　以上の内容では，物価は一定と考え，説明の対象から省いていました．しかし，不況のための金融政策や財政政策の施行は，物価の上昇を招くことがあります．この章では，物価の決定に注目することになります．

　インフレが起こるとなぜ困るのでしょう．特に予期されないインフレーションの場合には，預金者の受け取るべき利子が実質的に目減りしますが，借り手の支払いは楽になります．これが「所得の移転」です．次にインフレにより，われわれの経済活動が変更を余儀なくされるなど，「不確実性」の問題もあります．先進国では，大きなインフレーションが発生することはなくなっています．日本も海外からの安い輸入品の存在で，インフレーションが起こりにくい状況にあります．しかし，インフレーションの危惧がないわけではありません．

　インフレーションは，要因により2つに分けられるのが普通です．「ディマンド・プル・インフレーション」は，供給に対して超過需要が発生したときに起こります．それに対して「コスト・プッシュ・インフレーション」は，石油価格の上昇や，過度な賃金の上昇など費用の上昇により起こります．

　物価水準をp，名目貨幣供給量をMとするとM/pは実質貨幣供給量になります．これを用いて貨幣市場の均衡式を書き直すと以下になります．

$M/p = L(Y, r)$

　この式と財市場の均衡を表すIS曲線からpとYの関係を導くことができます．pが上昇すると実質貨幣供給量は減少します．ゆえにLM曲線が左へシフトするのと同じ効果を持ち，Yは減少します．この関係を示したのが総需要曲線でpを縦軸，Yを横軸にとると右下がりになります．

　次に供給面に注目します．利潤を最大化させるために，企業はどのように生産量，生産要素の投入を決定しなければならないでしょうか．

　総供給関数は，マクロレベルの生産を労働の関数として考えます．財の価格をp，労働の限界生産力をMPLとすると，労働1単位を追加的に投入するこ

とによって得られる収入は，p・MPLになります．そのための支出は貨幣賃金率wです．両者は等しくなりますので，MPL＝w／pになります．pが上がると，実質賃金は下落します．限界生産力が逓減するならば，労働量は増加し，生産量，すなわち生産面からみたYは増加します．このpとYの関係が総供給曲線で，今度は右上がりになります．

そしてこれら，総需要曲線と総供給曲線が交差する点で，物価と国民所得が決定されることになります．図11‐1で確認してください．

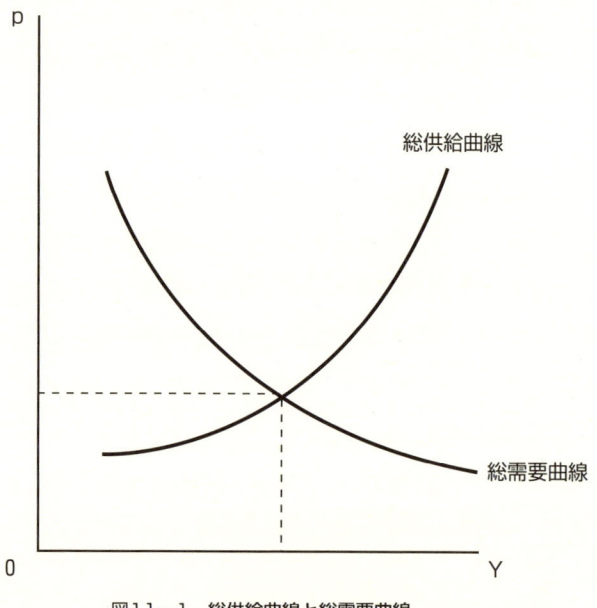

図11‐1　総供給曲線と総需要曲線

練習問題－1

難易度：☆☆（公認会計士試験改題）

問題　一国の経済モデルが下記で与えられているとします．このとき，均衡物価水準と国内総生産を求めてください．また，金融当局が名目貨幣供給を10兆円増加させたとします．このときの均衡物価水準，国内総生産，実質利子率と財政収支を求めてください．

$Y = N^{(1/2)} / 10$

第 11 章　インフレーションと予想

$W = 1 / 100000$

$C = 30 + 0.6(Y - T)$

$T = 0.3Y - 25$

$I = 125 - 4r$

$L = 0.2Y - i$

$i = r + \pi^e$

$M = 95 / P$

$G = 140$

ただし，Y：国内総生産（実質 GDP），N：労働力，W：名目賃金率，C：実質消費，G：実質政府支出，T：税収，I：実質投資，L：実質貨幣需要，r：実質利子率（％），π^e：予想物価上昇率，M：実質貨幣供給，i：名目利子率，P：物価水準，また単位は兆円，π^e はゼロとします．

|解答| $P = 1, Y = 500, r = 5\%$ になります．金融政策施行後は，$P = (31 + 12553^{(1/2)}) / 138$，$Y = (7750 + 250 \cdot 12553^{(1/2)}) / 69$，$r = (16895 - 145 \cdot 12553^{(1/2)}) / 276\%$．財政収支は $(25 \cdot 12553^{(1/2)} - 3020) / 23$ になります．

練習問題－2　　　　　　　　　　難易度：☆☆（公務員試験改題）

|問題| IS 曲線が $r = 12 - Y$，LM 曲線が $Y / r = M / P$，生産関数が $Y = N^{(1/2)}$ とします．名目貨幣供給量が 1，名目賃金率が $1 / 2$ のとき，均衡所得，均衡物価水準はいくらですか．

|解答| IS，LM 両曲線より総需要曲線は $(1 + P) Y = 12$．企業の利潤最大化の条件は $P (dY / dN) = w$ です．よって $(1/2) PN^{(-1/2)} = 1/2$．$N^{(1/2)} = P$．ゆえに総供給曲線は $Y = P$ です．均衡所得，均衡物価水準ともに 3 になります．

ここで一点，補足します．上記で考えた総供給曲線は，いわゆるケインズの総供給曲線です．

著名な経済学者，ケインズは，名目賃金の下方硬直性を主張しました．名目

賃金は下がる方向には動きにくいというものです．もし実質賃金が均衡水準より高いのに名目賃金が高ければどうなるでしょうか．労働の超過供給が起こります．これが解消されるためには，物価が上がる以外ありません．物価が上昇すると雇用の増加を導くので，供給量を増加させます．ゆえに総供給曲線は右上がりになります．

それに対して，いわゆる古典派はそのようには考えませんでした．古典派は名目賃金の需給調整機能を信頼します．ゆえに常に一定の雇用量が実現されますから，供給量も物価水準に依拠せず，常に一定となります．ゆえに，総供給曲線は縦軸に平行になります．

2 フィリップス曲線とインフレ供給曲線

経済活動には，予想という概念も重要です．消費者にせよ企業にせよ，現在の経済変数の動向だけでなく，将来に対する予想によっても行動を変化させるはずです．現実には，予想が経済活動において大きな役割を果たしていることは想像がつくと思います．この章では，こうした予想についての説明が重要なポイントになります．

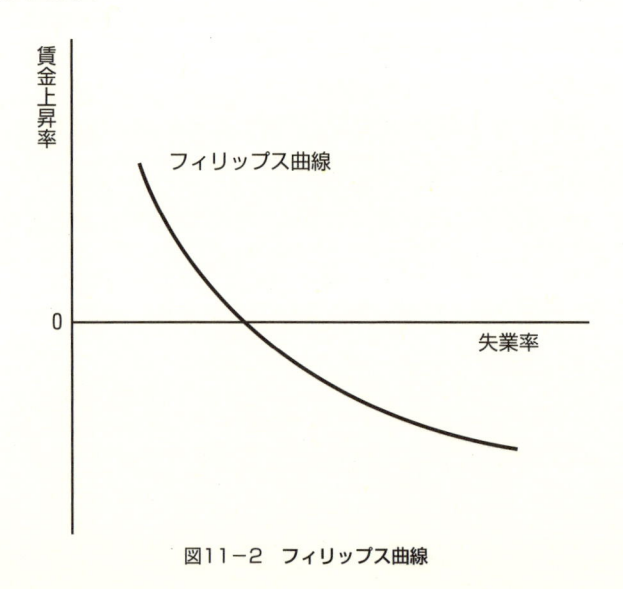

図11-2 フィリップス曲線

まず,フィリップス曲線から説明しましょう.フィリップス曲線とは,賃金上昇率と失業率との関係を経験的に示したものです.図11-2を見てください.さらに,賃金率の変化が一般的な物価水準の変化に対応すると考え,物価上昇率と失業率の関係を示した図が物価版フィリップス曲線と呼ばれています.

これによると,物価の安定と雇用の増加は二律背反であることが読み取れます.視覚的な理解により導くことのできる関係です.

次にインフレ供給曲線について説明しましょう.インフレ供給曲線の考え方は,フィリップス曲線と基本的に同様です.式で示すと

$$\pi = a(Y - Y_F) \quad \text{ただし } a > 0$$

になります.πは物価上昇率です.Y_Fは自然失業率に対応する総供給です.自然失業率とは,長期的に成立する失業率で,構造的失業と摩擦的失業(すぐ後述)のみを含んでおり,非自発的失業は含まれません.YがY_Fのときには,労働市場は均衡しており,物価や賃金は変化しません.ゆえにπはゼロになり

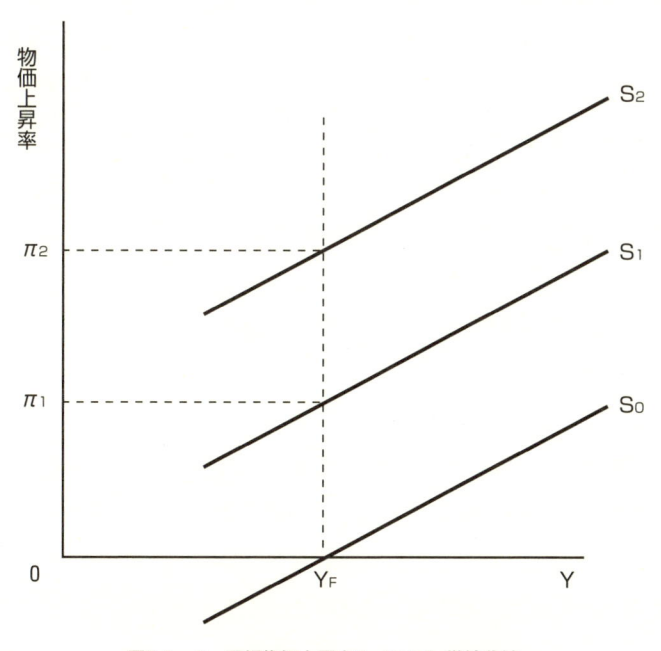

図11-3 予想物価上昇率とインフレ供給曲線

ます．さらに，予想物価上昇率 π^e をそこに加える方がより現実的です．

$$\pi = \pi^e + a(Y - Y_F)$$

図11-3は，予想物価上昇率が上昇した場合（添え字の $0 \to 1 \to 2$）のインフレ供給曲線を示しています．インフレ供給曲線が上方へシフトします．

このセクションの最後に，失業について述べておきましょう．失業にはいくつかのパターンがあります．まず，「自発的失業（voluntary unemployment）」という個人の意思で失業しているケースです．また，転職の際などに一時的に職を失う「摩擦的失業」もあります．これらは社会的にあまり問題ではありません．一方，景気循環（business cycles）などに影響を受ける「循環的失業」や企業行動や社会構造に依拠する「構造的失業」は大きな問題です．最近では企業活動のグローバル化，アジアへの進出，かつては製造業の衰退とサービス産業の興隆などが構造的失業を招いたと言われています．

3 インフレ需要曲線

次にインフレ需要曲線について説明しましょう．一般的な総需要曲線は下記で示されます．

$$\Delta Y = \beta(m - \pi) + \gamma \Delta G + \theta \Delta \pi^e$$

総需要の増加分 ΔY は実質貨幣供給量（マネーサプライ）の増加率（$m - \pi$），政府支出の増加，インフレ予想の増加率に比例すると考えます．m は $\Delta M / M$，M は貨幣供給量です．

次に Y_{-1} を1期前の所得，Y を今期の所得とし，$\Delta Y = Y - Y_{-1}$ を代入すると以下になります．

$$Y = Y_{-1} + \beta(m - \pi) + \gamma \Delta G + \theta \Delta \pi^e$$

この式は，総需要とインフレ率の関係を示しており，インフレ需要曲線と呼ばれます．縦軸に π，横軸に Y をとると右下がりになります．

インフレ需要曲線，インフレ供給曲線を同時に描いたのが図11-4です．両者が交わる点が均衡点になることは言うまでもありません．

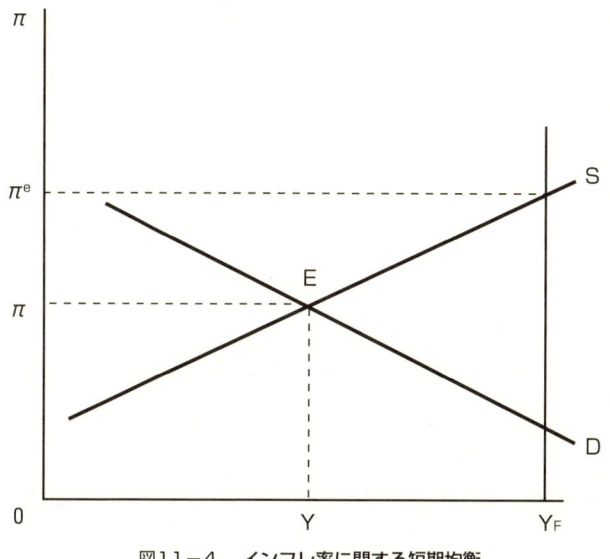

図11-4　インフレ率に関する短期均衡

4 短期均衡と長期均衡

先に，インフレ供給曲線とインフレ需要曲線から均衡点を求めました．それは，短期均衡と長期均衡に分けて考えることができます．

均衡インフレ率の概念については理解できたと思います．しかしこの均衡点 E は短期の均衡点なのです．なぜなら実質産出量 Y が完全雇用の GDP の Y_F を下回っているので，長期的には労働市場は不均衡であり，調整が必要です．では長期的にはどうなるのでしょうか．図 11-5 を用いて説明しましょう．

簡単化のため，政府支出の増加 ΔG と θ はゼロ，m は一定水準 m_s に保たれると仮定します．そしてインフレ率は 1 期前の物価上昇率に依存し一致するとします．すなわち $\pi_t^e = \pi_{t-1}$ とします．いま，短期均衡物価上昇率と所得を π_s，Y_s とします．E 点がその均衡点です．ここでインフレ供給曲線の公式 $\pi = \pi^e + a(Y - Y_F)$ の π^e に π_s を代入します．するとインフレ供給曲線が S′ になります．一方インフレ需要曲線は Y_{-1} に Y_s を代入し，$m = m_s$，$\Delta G = \theta = 0$ を用いると，D′ になり，新しい均衡点は E′ になります．さらに新しいインフレ供給曲線 S″ と需要曲線 D″ を描くことができます．そして最

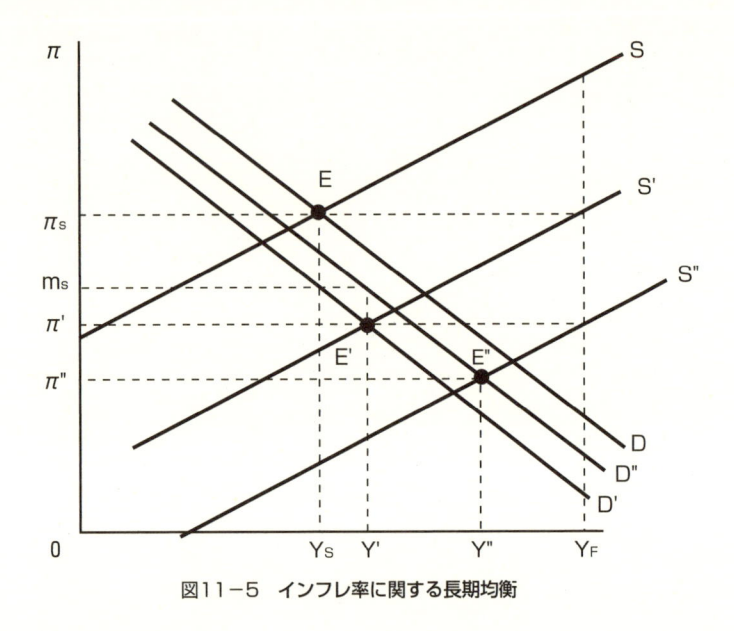

図11-5 インフレ率に関する長期均衡

終的には長期均衡点に調整されます。長期均衡の点では，$\pi = m_S$，$Y = Y_F$，$\pi = \pi^e$，になっています。

練習問題－3

難易度：☆

問題 マクロ経済が以下の体系で示されるとしましょう。$Y = C + I$，$C = 25 + 0.8Y$，$I = 70 - 500r$，$G = 10$，$M/P = 0.5Y - 1000r + 100$，$Y = 500 + 100 (P - P^e)$，$M = 340$。ただし，Y：産出量，C：消費，I：投資，r：利子率，G：政府支出，M：貨幣供給量，P：物価水準，P^e：予想物価水準，です。予想物価水準は前期に予想した値がそのまま今期に実現されるとします。このとき予想物価水準はいくらですか。

解答 $P = P^e$ に注意します。これはいわゆる合理的予想モデルに近いものです（詳細は次節）。IS曲線より $Y = 500$，$r = 0.01$ になり，1.0が正解です。

5 合理的予想モデル

合理的予想（期待）（rational expectation）という概念も学習する必要があり

ます．合理的予想とは，経済主体が経済全体の構造に関し，利用可能なすべての情報を用いて予想を行うことです．情報量についての差もないと仮定します．いままでのモデルを用いて適用例をあげることにしましょう．

　はじめに完全予見（perfect foresight）モデルを紹介します．完全予見モデルでは，不確実な要因は一切存在しません．すると貨幣供給量の増加率 m はインフレ率に等しく，また $\pi = \pi^e$ になります．ゆえに $\pi = \pi^e = m_s$ になります．これをインフレ供給曲線に代入すると，$Y = Y_F$ になります．ゆえに金融政策により景気刺激策は無意味なものになってしまいます．

　次に，不確実性を考慮した，確率モデルを紹介しましょう．各経済主体は不確実な将来に対して，予想形成を合理的に行うと仮定します．

　するとモデルは，$\pi = \pi^e + \alpha(Y - Y_F) + \varepsilon$，$Y = Y_F + \beta(m - \pi) + \eta$ で表されます．ε と η は政治や天候など，不規則な変動要因を表しています．それらの平均，数学的期待値はともに 0 で相互に影響しないと仮定され，撹乱項(かくらん)と言います．

　一方，人々は合理的な予想形成をしています．すなわち，$\pi^e = E(\pi)$ と考えます．E は期待値です．この条件と上記のインフレ需要曲線，インフレ供給曲線より，下記の式を導くことができます．

$Y = Y_F + (\beta / (1 + \alpha\beta))(m - E(m)) + (\eta - \varepsilon\beta) / (1 + \alpha\beta)$

これより，$m = E(m)$ ならば，撹乱項をのぞけば，$Y = Y_F$ になることがわかります．実際の所得水準といわゆる自然失業率仮説に基づく所得水準が乖離(かいり)するのは，撹乱項によるものです．

第Ⅱ部　マクロ経済学

第12章　オープンマクロ経済学

1 変動相場制の下での金融・財政政策

　今までのほとんどの章では，基本的に国が1つ，あるいは国が複数存在しても鎖国的な政策を採っていると仮定してきました．しかし，昨今のグローバル化の動きを考えれば，こうした考え方に妥当性が低いことは想像に難くありません．もちろん，今までのような仮定をおくことに意味がないわけではありません．経済学では，ある特定の現象を浮き立たせるために，可能な限り大きな影響を及ぼさないものを与件として扱うことが多くあります．それによって分析が明確になり，精緻にもなり得るのです．

　一方，為替レート，国際収支という言葉は日常的に使われるようになっています．インターネットを用いて外国と金融取引を瞬時に行うことも可能な時代になりました．複数国を対象としたり，あるいは他国との関係について分析することはより求められていると言っても過言ではありません．経済学ではこうした問題に対しても明確な解答を与えてくれます．以下，学習を進めましょう．

　まずは，金融政策の効果について，あえてIS-LM分析を用いないで説明しましょう．金融緩和政策で金利が低下すれば，一般的には企業の設備投資や消費者の購買意欲を高めます．ここまでは閉鎖経済下と同様です．しかし，海外に比べて金利が低下すれば，資本流出が起こり円安を招きます．円安になると日本の輸出拡大を招くので，国内はもとより対外的な側面においても景気のプラス効果をもたらします．こうした効果はグローバル下の状況で起こり得ます．

　ところが日本の円安による輸出拡大は海外の景気を冷却させることになり，海外からは非難されます．こうした現象は「失業の輸出」と言われることがあります．

　財政政策はどうでしょうか．財政支出を増加させると金利が上昇することはすでに説明しましたが，グローバル経済下では，資本流入と円高を引き起こします．円高は日本の輸入拡大を通じて国内は景気後退，国外は景気上昇します．ちなみに，海外から日本に財政拡張が求められた時期がありましたが，こうし

た根拠に基づいています．先の説明のように，海外からは金融政策は嫌われ，財政政策の発動が好まれることになります．

では，先に学習したIS-LM分析をここに適用しましょう．変動相場制下で，金融政策，ここでは金融緩和政策が採られたとします．図12-1のように，LM曲線が右下方にシフトし，LM曲線はLM'になり金利が低下します．すると通貨の減価が起こり，輸出が増加します．それによりIS曲線は右上へシフトします．これがIS'です．そして自国利子率と外国利子率が同じところで均衡します．このとき所得は増加しています．このように変動相場制下での金融政策は，景気拡張という目的に対して有効な効果をもたらすのです．

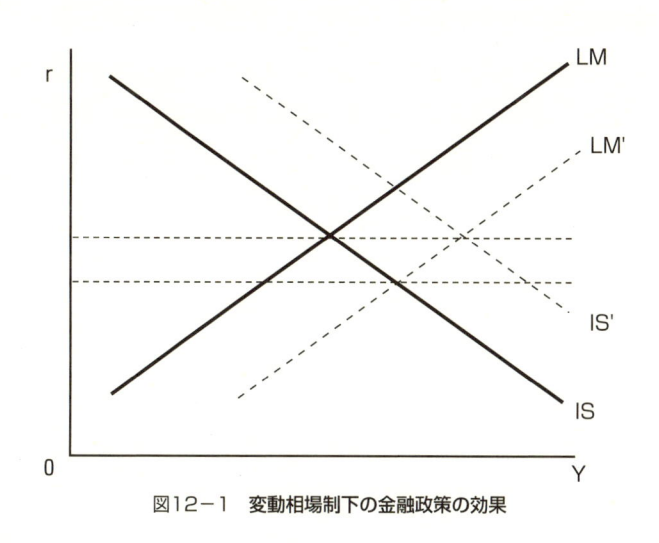

図12-1　変動相場制下の金融政策の効果

練習問題－1
難易度：☆

問題　政府部門の赤字が3兆円です．貯蓄は投資より5兆円多いとします．貿易収支の値はいくらですか．

解答　すでに学習をした第8章国民所得を思い出してください．$Y = C + I + G + X(輸出) - M(輸入)$ という式が成立します．$S = Y - C$ より $(S - I) - G = X - M$．2兆円の黒字が正解です．

第Ⅱ部 マクロ経済学

練習問題－2 難易度：☆

問題 変動相場制下の開放マクロ経済が以下で示されるとします．
$Y = C + I + G + CA$, $C = 30 + 0.8Y$, $I = 20 - 50r$, $CA = 48 - 0.1Y + 0.2e$, $M = 0.2Y - 300r$, $r = r^*$. $G = 50$, $M = 98$, $r^* = 0.04$ のとき，為替レート e はどうなりますか．ただし，Y：国民所得，C：消費，I：投資，G：政府支出，CA：経常収支，r：利子率，M：貨幣供給量です．

解答 95 です．

練習問題－3 難易度：☆（公務員試験改題）

問題 変動相場制下の開放マクロ経済が以下で示されるとします．
$Y = C + I + G + CA$, $C = C_0 + 0.8Y$, $I = I_0 - 200r$, $CA = CA_0 - 0.2Y$, $M = 1.2Y - 500r$. $CA = 5$ のとき，この黒字を解消するためには貨幣供給量 M をいくら増加させればよいですか．ただし，Y：国民所得，C：消費，I：投資，G：政府支出，CA：経常収支，r：利子率，M：貨幣供給量で，C_0, I_0, CA_0 は定数です．

解答 55．

同様に，財政政策について説明します．図12-2を見てください．

IS曲線は前記のとおり右上方にシフトします．これをIS′とします．すると経済はLM曲線とこのIS′の交点で均衡しますが，これでとどまりません．金利が上がっていますので，自国通貨は増価（円高）します．すると輸出が減少しIS曲線はIS′からISへ戻ります．金利水準は完全移動が保証されていれば，自国と外国の水準が等しい元の水準に戻ります．したがって変動相場制下で拡張的な財政政策を行っても，所得は最初の所得に戻ることになって効果はありません．

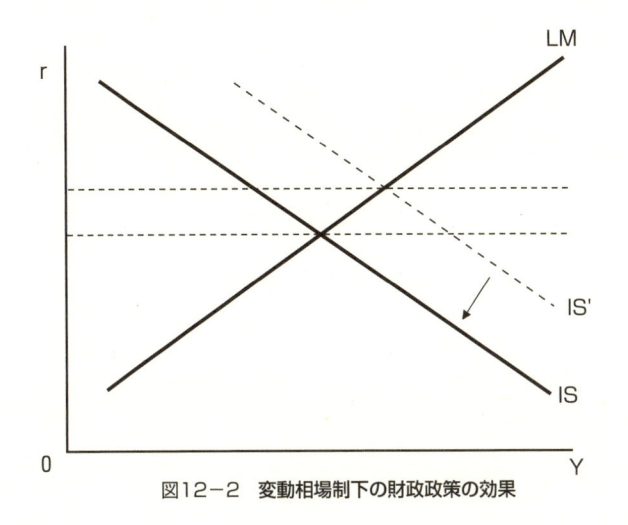

図12-2　変動相場制下の財政政策の効果

練習問題-4
難易度：☆☆（公務員試験改題）

問題　マクロ経済が，$Y = C + I + G + CA$，$C = C_0 + 0.8Y$，$I = I_0 - 1000r$，$CA = CA_0 - 0.2Y$，$M = 0.2Y - 500r$ で与えられているとします．このとき政府支出を1兆円だけ増加させると国民所得はいくら増加しますか．ただし，Y：国民所得，C：消費，I：投資，G：政府支出，CA：経常収支，r：利子率，M：貨幣供給量，その他，0が付いているものは定数．

解答　1兆2500億円になります．

2 固定相場制の下での金融・財政政策

固定相場制下の金融・財政政策はどうでしょうか．まずは金融政策です．図12-3を見てください．

金融緩和により，LM曲線はLM′にシフトします．すると金利が下がり自国通貨は減価の方向に動きます．しかし固定相場制下ではそれは認められません．そこで通貨当局は外国通貨を売って，自国通貨を買う介入を行います．これは貨幣供給残高の減少を意味します．すると所得が減ってLM′曲線はLMにシフトして戻ります．固定相場制下での金融政策は所得に効果を及ぼさないことになります．

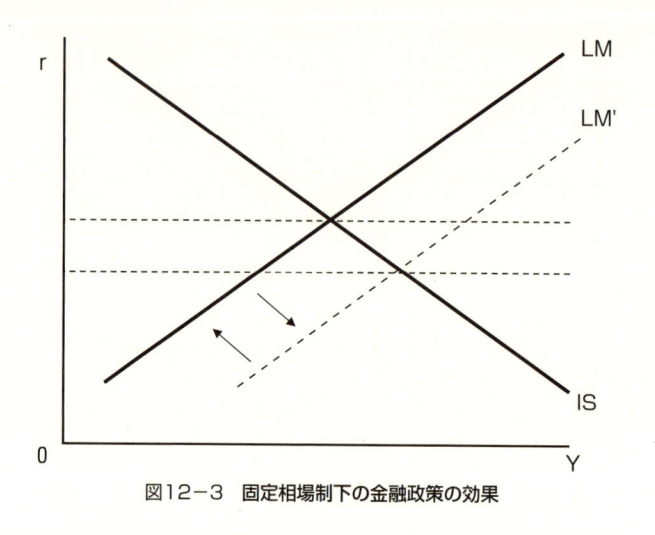

第Ⅱ部 マクロ経済学

図12-3 固定相場制下の金融政策の効果

最後に固定相場制下の財政政策です．図12-4で説明しましょう．

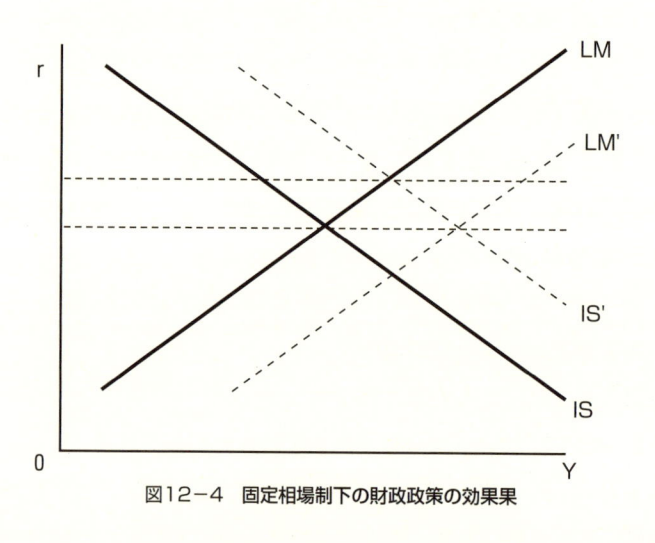

図12-4 固定相場制下の財政政策の効果果

固定相場制下で財政拡大政策が採られたとします．IS曲線は変動相場制の場合と同じく右上方にシフトします．これをIS′としましょう．これにより均衡点が利子率の高い方に移り，自国利子率に上昇圧力を与えます．すると為替レートが増価する方向に動こうとします．しかし，為替レートは固定されてい

ます．そこで当局は自国通貨を売って外国通貨を買う介入を行います．すると貨幣供給残高が増加するので，LM 曲線は右下の LM′ へシフトし，さらに均衡点が移ります．その結果，所得は増加します．このように固定相場制下では財政政策は有効に機能します．

　変動相場制，固定相場制で対称的な結論が出てきました．すなわち，変動相場制下では，金融政策が効果を持つものの財政政策は効果を持ち得ないこと，固定相場制下では，財政政策が効果を持つものの金融政策は効果を持ち得ないことが確認されました．ただし，以上の説明は実は「小国の仮定」を置いています．「大国」の場合について知りたい人は他書を参考にしてください．

3 為替レートの決定理論

　代表的な理論として，購買力平価説を紹介しましょう．購買力平価説の登場は古いのですが，今でも為替レートの決定理論として中核的な役割を果たしています．

　購買力平価説は「一物一価の法則」がベースにあると言われています．同じ商品に異なる場所で異なる価格が付加されていると，どのような動きを招くでしょうか．安いところで商品を買い，高いところでそれを売るという行動が起こるでしょう．これを裁定と言います．すると，安いところでは価格が上がり高いところでは下がり，結果として価格は単一になるのです．

　式で表すと以下のようになります．

$P = S \cdot P^*$

　左辺は日本の物価水準 P です．右辺は例えば米国の物価水準 P^* と邦貨建て為替レート S（1 ドル = ○○円）の積で，同国の円建てでの物価水準を表していると考えてください．このように両国の物価水準が為替レートを決定するというのが購買力平価説です．

　現実には，輸送費用，税などが存在しますし，価格の調整には時間がかかります．そのため，購買力平価説は長期の為替レートの動きを説明できますが，短期の説明としては説得力に欠けるものと考えられます．統計・計量的にもそ

れが検証されています．

　もう1つ，アセット・マーケット・アプローチについて紹介します．貿易による通貨の交換だけではなく，証券など各種資産の取引にともなう通貨の交換に注目するものです．資本移動は先進国を中心に自由化され資本収支の金額も膨大なものになっています．経常収支や貿易収支のみでは，為替レートの動きを説明できない状況になっています．そして中長期的には，このアセット・マーケット・アプローチの妥当性が証明されつつあります．このアプローチを正確に述べると，通貨と交換に入手できる資産の収益率が各国間で等しくなる水準に為替レートが決まるというものです．

　為替レートの動きを資産で説明すると言われても，いま1つイメージがわかない人もいるでしょう．人々は自国通貨建て資産だけでなく，外貨建て資産も保有しています．それをどのような比率で保有するか（しないか）は，それぞれの資産の予想収益率やリスクを考慮に入れて決定します．外貨建ての資産保有には，金利だけでなく為替レートの動きに影響を受けます．為替レートが円安になれば為替レートの変化による利益が得られ，円高になれば損失が出ることになります．この為替レートを人々は予想した上で資産需要が決定されます．

　為替レートは主に以下の変数（ファンダメンタルズ）により影響を受けます．

1）経常収支：黒字→通貨高

　簡単にイメージをすると，黒字国は赤字国から通貨を含めた資産を受け取ることになります．すると通貨高に進みます．以下少し理論的に説明しましょう．

　累積的な黒字を持っている国では，それだけ対外資産（例えばドル資産）が国内に蓄積されていることになります．これはそれだけ為替リスクにさらされていることを意味します．リスクが高いとその資産に対して高い収益を求めようとします．したがって対外資産の保有比率が増加すればそれだけドル資産に高い収益を求めます．こうした動きは外国為替市場でのドル売りを通じてドル安を導きます．ドル安になればそれだけ将来に収益が期待できるので，ドル資産の収益性は高くなります．

2）金利：上昇→通貨高

例えば米国の金利が上昇すれば日本から米国へ資金が流れ，その結果ドル買い需要が発生してドル高（円安）方向へ為替レートが動きます．

3）その他

その他，為替レートに影響を与えるファンダメンタルズとしてはインフレ率，GDP，石油価格などもあれば，世界で起こる紛争などもあります．要人の発言で為替レートが動くこともあります．これらが本当に重要な決定要因になっているかどうかには，議論が分かれるところです．

最後に，為替レートの種類について，述べておきましょう．為替レートに関する重要な概念として，名目為替レート（nominal exchange rate）と実質為替レート（real exchange rate）があります．私たちが普段為替レートと言うときは，名目為替レートですが，実質為替レートという概念は重要です．簡単に言えば実質為替レートは，名目為替レートから物価変動を排除したものです．式で表すと，実質為替レート＝名目為替レート（邦貨建て）×（外国の物価水準／自国の物価水準）になります．名目為替レートと実質為替レートは，2ヶ国間の為替レートを問題にしています．時には，いくつかの国との為替レートを総合的に考える必要があります．それが実効為替レート（effective exchange rate）です．対象国の為替レートの平均的な動きを示すことになります．実効為替レートを算出するには，対象国の他通貨に対する為替レートを指数化し，これをGDPや貿易量で加重平均して求めます．

練習問題－5　　　　　　　　　　　　　　　難易度：☆（公務員試験改題）

[問題] 変動相場制下の開放マクロ経済が以下で示されるとします．
$Y = D + G + CA$，$D = 180 + 0.6Y - 2000i$，$B = -90 + 2e - 0.2Y$，$M = 0.9Y - 1000i$（Y：国民所得，D：国内需要，G：政府支出，CA：経常収支，B：純輸出，i：国内金利，e：為替レート，M：貨幣供給量）．資本移動は自由で国内金利は外国と一致しているものとします．政府支出が10増加すると，国民所得と為替レートはどうなるでしょうか．

解答 $\Delta Y = \Delta D + \Delta G + \Delta CA = 0.6\Delta Y + \Delta G + 2\Delta e - 0.2\Delta Y$．国内金利は外国金利と一致しているので，$0.9\Delta Y = \Delta i = 0$ を導くことができます．為替レートは5減少，国民所得は不変です．

4 国際収支の決定理論

価格弾力性アプローチは，主に為替レートの変化（感度）が経常収支に与える影響を，輸出品の輸出先での需要の価格弾力性に注目して分析するアプローチです．

練習問題－6 難易度：☆

問題 ある商品の価格は80円で需要量が800であったが，72円に値下がりし需要量は1000になりました．需要の価格弾力性はいくらでしょうか．

解答 価格をP，その変化をΔP，需要量をD，その変化をΔDとすると，需要の価格弾力性は$-(\Delta D/D)/(\Delta P/P)$になります．ゆえに2.5になります．

練習問題－7 難易度：☆（公務員試験改題）

問題 ある財の需要曲線が$D = 16 - (1/6)P$，供給曲線が$S = (5/2)P$で与えられています．D, Sはそれぞれ需要量，供給量，Pは価格です．このとき，均衡点での価格弾力性はいくらですか．

解答 価格弾力性は$(dD/D)/(dP/P) = (dD/dP)\cdot(P/D)$です．$(dD/dP)$は$-(1/6)$です．また市場均衡の状態は$D = S$であり，それより$P = 6$，$D = 15$が導出できます．答えは$-(1/15)$になります．

価格弾力性アプローチの長所としては，企業行動などミクロ的な分析が可能になることです．それに対してマクロ的な分析，例えば経常収支の変化が生産活動，ひいては為替レートに与える影響など長期的な分析には不向きです．ここでマーシャル・ラーナーの条件について説明します．

第12章 オープンマクロ経済学

日本と米国の2ヶ国を考え，それぞれ輸出国通貨建てで取引を行っているとします．自国通貨で表した経常収支をBC，輸出金額をX，輸入金額をM，実質為替レートをeとすると，

$$BC = X(e) - eM(e)$$

になります．

為替レートが1%円高（安）になると，輸出の価格弾力性（日本よりの輸出品の米国市場価格が1%上昇（低下）したとき輸出数量が何%減少（増加）するか）をqとすると，円表示の輸出金額はq%減少（増加）します．輸入の価格弾力性（米国よりの輸入品の日本市場価格が1%下落（上昇）したとき輸入数量が何%増加（減少）するか）をq^*とすると，円表示の輸入金額は$(1-q^*)$%減少（増加）します．円高（安）が日本の貿易収支（円表示）を悪化（改善）させるのは，輸出金額の減少（増加）が輸入金額の減少（増加）を上回る場合です．

その条件，$q > (1-q^*)$ は，$q + q^* > 1$ と変形できます．すなわち「輸出入の弾力性の和が1より大きい場合に，為替レートは経常収支の調整に役立つ」ことになります．これがマーシャル・ラーナーの条件と言われます．

具体的には日本の政策当局が経常収支を減らそうと思って円高に誘導しても，輸出商品の輸出量が価格の影響をあまり受けない場合（例えば生活必需品になっている）は，この条件を満たさず，かえって経常収支は増大してしまいます．条件を満たさない他の例としては，石油輸入国の為替レート調整が国際収支の調整に役立っていないことがあげられています．

次にJカーブ効果についても触れておきましょう．日本の経常収支は，以下の式で表すことができます．式中の記号は以下で用います．

BC = 輸出価格(1)×輸出数量(2) - 輸入価格(3)×為替レート(4)×輸入数量(5)

上式の輸出価格，為替レートは円建て，輸入価格はドル建てです．ここで円安になったと仮定しましょう．(1) (3)の値は変化しないとします．事実，価格の調整には一定の時間を要します．その他の値については，円安を仮定しましたから(4)の数値が大きくなります．消費の慣性，中長期的な契約の存在から

輸出入数量(2)(5)は短期的には変化しません．貿易には一定の手続きが必要で，為替レートや価格の変化が大きくない限り，取引関係を短期的に変えるケースは少ないでしょう．すると，経常収支は一時的に赤字になります．しかしその後は，円安により輸出(2)の増加，輸入(5)の減少が起こります．そして経常収支は通常のように黒字の方向に向かいます．このように，経常収支は最初，赤字の方向に向かい，その後は黒字の方向に向かいます．最近では1996年の円安時にJカーブ効果が発生したと言われています．

練習問題－8　　　　　　　　　　　　　難易度：☆（公務員試験改題）

問題　ある財の輸入曲線が $X = 240 - P$ で与えられるとします．$P = 20$ のときの価格弾力性（絶対値）はいくらですか．

解答　輸入の価格弾力性は $-(P/X) \cdot (dX/dP)$ です．正解は $-1/11$ です．

　もう1つ，貯蓄・投資アプローチについて説明しましょう．これは，貯蓄と投資のバランスから経常収支を分析するもので貯蓄・投資バランスアプローチとも言います．前節で用いたIS曲線によると，

$$Y = C + I + G + (X - M)$$

です．両辺から消費Cを差し引くと，

$$Y - C = I + G + (X - M)$$

になります．左辺は貯蓄を表すことになり，$Y - C = S$（貯蓄）とします．すると以下の式になります．

$$S = I + G + (X - M)$$

これより下の式を導くことができます．

$$X - M = S - I - G$$

民間貯蓄よりも民間投資ないし財政赤字が増大すると，経常収支の黒字が減少，赤字が拡大します．

　これはミクロ的な分析は苦手とするものの，データの集積がしやすく，マクロ的な分析には適していると言えます．より具体的には中長期的な視点から景

気循環などの影響を取り除いた，趨勢的な動きを分析するのに適しています．

練習問題－9

難易度：☆（公務員試験改題）

問題 一国のマクロ経済が以下に示されるとします．$Y = D + B$，$D = 70 + 0.8Y - 500r + 0.2e$，$B = -20 - 0.1Y + 0.7e$，$L = 30 + 0.9Y - 1000r$，$M = 10H$，$L = M$，$F = 250(r - r^*)$．ただし，$Y$：国民所得，$D$：国内需要，$B$：純輸出，$r$：国内利子率，$r^*$：外国利子率，$e$：為替レート，$L$：貨幣需要，$M$：貨幣供給，$H$：ハイパワード・マネー，$F$：資本純流入で，$r^* = 0.03$ とします．今，中央銀行が為替市場への介入によって為替レートを100に維持する政策をとっており，そのために $\Delta H = B + F$ になるとします．国民所得はいくらですか．

解答 $\Delta H = 0$ に注意してください．$Y = 450$．

練習問題－10

難易度：☆☆

問題 変動相場制下において，開放マクロ経済が以下で示されると仮定します．$Y = C + I + G + BC$，$C = 20 + 0.8(Y - T)$，$I = 10$，$BC = -50 + 3E - 0.4Y$，$BK + BC = 0$（Y：国民所得，C：消費，I：投資，G：政府支出，BC：純輸出，T：税収，E：為替レート，BK：資本収支）．ここで何らかの原因で資本収支が5減少したとしましょう．このとき国民所得と為替レートはどのように変化しますか．

解答 $BC = -BK$ の変化分をとると，$\Delta BC = -\Delta BK = 5$．財市場は $0.2\Delta Y = \Delta BC$．ゆえに $\Delta Y = 25$．$\Delta BC = 3\Delta E - 0.4\Delta Y$ より $\Delta E = 5$ になります．

第13章　景気循環と経済成長

1 景気循環

経済は変動します．この変動の要因については，長い間，理論的分析のみならず，実証面でも多くの研究がされてきました．現段階で確実に言えることは，経済活動には時間とともに変化が発生しており，その活動には規則的な変動が認められるということです．この変動に，景気循環という言葉が用いられています．

現実に観測されている景気循環については，以下の4つに大別されます．いずれも名称は発見者の名前です．

(1) コンドラチェフの波：50年程度の周期です．人口増加，戦争，革命，あるいは技術革新などです．

(2) クズネッツの波：20年程度の周期です．建設活動の変動が主要因と考えられています．

(3) ジュグラーの波：7～8年程度の周期です．設備投資の変動によって発生すると考えられています．

(4) キチンの波：2～3年程度の周期です．この景気循環は在庫投資の変動によって生じると考えられています．

次に，加速度原理に基づく景気循環について説明しましょう．加速度原理とは，投資水準決定理論の代表的なもので，投資が生産量の変化分に比例する，加速度係数と呼ばれる一定の比率が存在するというものです．

現時点を t 期とします．そのときの国民所得を Y_t，1期前の国民所得を Y_{t-1}，加速度係数を v としますと，投資は $v(Y_t - Y_{t-1})$ になります．資本ストックの調整が1期遅れるとしますと，投資は $v(Y_{t-1} - Y_{t-2})$ になります．今期の投資が加速度原理に基づく部分と所得には依存しない独立投資 I からなるとすると，投資関数は，$I_t = v(Y_{t-1} - Y_{t-2}) + I$ になります．

消費関数をさらに考えます．$C_t = cY_{t-1} + Z$ で投資が与えられるとします．c は限界消費性向，z は基礎的消費とします．$Y_t = C_t + I_t$ ですから，$Y_t = (c + v)$

$Y_{t-1} - vY_{t-2} + Z + I$ です.

練習問題−1　　　　　　　　　難易度：☆☆（公認会計士試験改題）

問題　一国の経済モデルが下記で与えられているとします.

$Y_t = 1 + 0.8Y_{t-1} + 0.2M_t + u_t$

$M_t = 0.5 + gY_{t-1} + \varepsilon_t$

ただし，Y：国内総生産（実質 GDP），M：貨幣供給量，u_t は Y_{t-1}，M_t と独立，ε_t は Y_{t-1} と独立で系列相関なし，分散は一定，期待値は0とします．それぞれの分散は σ_u^2，σ_ε^2 とします．t は時点です．このとき 1）景気循環を平準化することを考え，政府が Y_t の分散を最小化するように g を定めるとします．g の値はいくつですか．

解答　下の式を上の式に代入すると，$Y_t = (0.8 + 0.2g)Y_{t-1} + (1.1 + 0.2\varepsilon_t + u_t)$ になります．ここで E を期待値とし，分散 $E(Y_t - E(Y_t))^2$ を求めると $\{(0.2)^2 \sigma_\varepsilon^2 + \sigma_u^2\} / \{1 - (0.8 + 0.2g)^2\}$ になります．分母を最大とする条件 $0.8 + 0.2g = 0$ より $g = -4$ が正解です．

2 経済成長

ここでは恒常的成長について説明します．投資を I，資本を K，産出量を Y，資本係数を $v = K/Y$，貯蓄を S，貯蓄性向を s とします．資本係数の逆数 $1/v$ は資本1単位の増加による産出量の増加分です．ゆえに投資 $I (=\Delta K)$ による産出量の増加 ΔY は $\Delta Y = (1/v)I$ になります．貯蓄を $S = sY$ としますと財市場の均衡条件から $I = S = sY$ になります．ゆえに $\Delta Y / Y = s/v$ になります．左辺は財市場の均衡条件を満たす産出量の変化率で，保証成長率です．保証成長率とは，資本ストックが完全に利用されている状態です．

実際の成長は様々な要因によって発生します．代表的なものは労働力です．労働力の増加率を n とします．技術進歩がない場合，n と同じ成長率を自然成長率と呼びます．これは，労働の完全雇用下の成長率です．技術進歩が存在する場合には，自然成長率は労働の増加率と技術進歩率の和になります．

恒常的成長あるいは均衡成長とは，財市場における需給均衡と労働市場における完全雇用が同時に実現しているケースです．この条件は，保証成長率と自然成長率が一致することで，s／v＝nになります．

練習問題－2　　　　　　　　　　　　　　　　　　　　　　難易度：☆

[問題] ハロッド・ドーマーの成長理論では，資本係数や貯蓄率を一定としています．労働力の増加率が1％，技術進歩率が3％，資本係数が5，貯蓄性向が0.2のとき，保証成長率，自然成長率はそれぞれ何％ですか．

[解答] 保証成長率は貯蓄性向／資本係数＝4％，自然成長率は労働力の増加率＋技術進歩率＝4％になります．

練習問題－3　　　　　　　　　　　　　　難易度：☆（公務員試験改題）

[問題] ハロッド・ドーマーの経済成長モデルが，以下で示されるとします．$Y＝C＋I$，$C＝0.8Y$，$\Delta K＝I$．ただし，Y：国民所得，C：消費，I：投資，ΔK：資本ストックの増加分です．必要資本係数（生産物1単位を生産するのに必要な資本量）を5とします．保証成長率はいくらですか．

[解答] 保証成長率＝s／v＝0.2／5＝4％になります．

第14章　日本経済

1 バブルの発生から崩壊へ

　この章では日本経済を扱います．現在の日本で，なぜ不況が起こり，なぜそこから脱出できなかったのか，そして景気回復の要因は何なのか，読者自身がエコノミストになって説明ができるよう考えてください．

　1980年代に日本は世界経済を席巻していました．銀行の資産残高において日本の金融機関が世界の上位に並び，もはや米国から学ぶべきものはないとの雰囲気がありました．エズラ・ボーゲル氏の『ジャパン・アズ・ナンバーワン』という本がベストセラーにもなりました．興味深いのは，豊かさを実現しても国民の勤勉性は失われなかったことです．都市化が進んでも犯罪率は上がらず，学歴による所得格差が小さいのに，高等学校，大学進学率は下がらず，就職意欲も旺盛でした．

　国際競争力を付けた日本から米国への急激な輸出増加が急激な経済成長をもたらし，日本経済は大きく拡大，成長しました．

　1985年にプラザ合意が成立し，急激な円高が発生しました．すると金利，物価が下落し，いわゆる「カネ余り」現象が起こり，資金が土地や株式に回り地価や株価は異常に騰貴しました．製造業でも，本業や本業に関係した設備投資などに資金を回さず，株式，土地などへの投機が活発に行われました．一時的に輸出の減少を招いたことから円高不況と呼ばれる現象もありましたが，株価や地価の下落，著しい景気の後退を招くことはありませんでした．

　1989年からは公定歩合の引上げや不動産関連融資の総量規制が実施され，バブルは徐々に崩壊し始めました．これらの策の施行時期には多くの議論がありますが，一般物価は落ち着いていたこと，円高進行の可能性があったことを忘れてはいけません．金融機関は融資した資金の回収が困難になり，不良債権の増大を招くことになりました．

2 未曾有の不況

バブルの崩壊に加え，1994から1995年には円高が起こり，輸出が減少し，企業はバブル期の過剰設備投資の後遺症に悩まされることになりました．銀行の貸し渋りが指摘されたのもこの頃です．消費者は先行き不安から消費を控えました．

そこで財政政策，なかでも大規模な公共投資と減税が行われました．公定歩合の水準も過去最低値を断続的に更新するなど，金融緩和も実施されました．企業もリストラを敢行しました．

1995年に阪神大震災が発生し，経済への大きな打撃が加わりましたが，諸政策の効果の現れか，景気は1993年から1996年にかけて回復の兆しを見せ始めました．しかし財政赤字の解消が問題となり，消費税率の引上げ（1997年に3％→5％），公共投資の削減，医療費の引上げなどが実施されました．運悪く1997年にはアジア通貨危機が起こり，証券会社，銀行の破綻，金融問題，不良債権問題がクローズアップされました．

このとき，バブルの傷跡が治癒されていれば，問題はなかったのかもしれませんが，当時，政局も大きく動き，政治に目が奪われ，経済問題への関心が低い状況であったことから，問題が先送りされてしまいました．これも日本経済に抜本的な治療策が施されなかった一因と考えられます．

3 量的緩和，インフレーション・ターゲティング

結局，残ったのは巨額な不良債権と財政赤字でした．消費は増加せず，物価の下落→企業収益の低下→失業者の増加・所得の減少→さらに物価の下落という，深刻な「デフレ・スパイラル」状態に陥りました．

株価も深刻でした．バブルの最盛期1989年末には日経平均株価は3万8,915円87銭と，史上最高値を記録しました．それに対して，2001年には，ついに8,000円を割る，予想されなかった惨憺たる状況に陥りました．バブル期以降，証券会社の不祥事から株式取引が敬遠された時期や，金融機関の株式持ち合いが株価低迷の原因として指摘されたこともありました．諸外国と比べて

株式取引の規制緩和が遅れた事情もあったかもしれません．しかし，それらが直接株価低迷につながっていたとは断言できません．相次ぐ倒産などによる企業収益の低迷と，高い信用リスク（クレジット・リスク）など，先行予想へのマイナスの評価が低迷の原因としてあげられます．

日本銀行は低金利政策を採り，国内金利をほぼゼロ近くに誘導しました．いわゆる「ゼロ金利政策」です．低金利になれば消費や投資が増え，景気がよくなるはずなのに，そうはなりませんでした．そこで日本銀行は2001年3月に，「量的緩和策」を採用しました．これは日本銀行当座預金の残高を増加させることにより，金融機関の資金調達をより容易にし，市中に資金が行渡ることを期待してのことでした．この政策は他国では先例のない，非常にドラスティックな策でした．実施にあたり，日本銀行は消費者物価指数（CPI）が安定的にゼロ以上になるまでこの政策を継続すると公表しました．そのコミットメントの効果もあり，対米国，対アジア向けの輸出が増加するなど徐々に景気が上向き，明るさが見出されてきました．銀行の不良債権処理が進み，企業の生産調整もほとんど終わり，リストラの効果も出てきました．株価も現在では回復基調にあります．

そして，日銀は，消費者物価指数（CPI）の推移が，前記条件を満たすに至ったとして，2006年3月量的緩和の解除に踏み切りました．同時にゼロ金利政策は当分継続すると発表しました．解除時期の適否についてはさまざまな意見がありましたが，本書が上梓される段階では，市場の反応は冷静に推移しています．今後は個人消費が本格的に増加し，根本的なデフレ脱出に成功することが最も重要な目標になります．それに至る道は非常に険しいものでしょうが，金融，財政両政策を両輪とした政策が適切に施行されることが期待されます．財政赤字の累積は深刻で，この先には高齢化社会も到来します．種々の制約条件の下で実効ある政策を実施するためには，関係機関の意思統一，協働が重要であると思われます．

上記に絡んで，最近インフレ・ターゲットの導入の是非が議論されています．インフレ・ターゲットとは，一般に中央銀行があらかじめインフレ率の目標値

を公表し，それに従って金融政策を遂行する政策目標で，指標としては消費者物価指数など観測，入手容易なデータが用いられることが多いようです．

インフレ・ターゲットのメリットは，第1に通貨当局が具体的な数字を示すことで，その目標と責任が明示されること，第2にインフレ率が事後的に明らかになることから，中央銀行に説明責任と透明性がより要求され，より独立性が保証されること，第3に予想インフレ率の安定化が図られ，インフレーションそのものを抑える役割が存在すること，があげられます．過去に諸外国で採用されたインフレ・ターゲットは，高インフレ率の抑制が目的で，デフレ状態下で採用した国は過去になく，採用するとすれば初めての試みになります．インフレーションを急激に引き起こす政策でもなければ，ましてインフレ率が高ければよしとする政策でもないとされていますが，ターゲットを越えてインフレが進み，物価の騰貴に歯止めがかからなくなること，年金生活者などの生活を苦しめる可能性などを懸念する向きもあります．採用の是非については冷静な議論が必要でしょう．

付録　数学公式

1. 微分

微分　（x の関数，a，m は定数）： $d(ax^m)/dx = amx^{m-1}$

偏微分（x，y の関数，a，m，n は定数）：

x で偏微分（y を定数と考え x で微分する）

$$\partial(ax^m \cdot y^n)/\partial x = am\, x^{m-1} \cdot y^n,$$

y で偏微分（x を定数と考え y で微分する）

$$\partial(ax^m \cdot y^n)/\partial y = an\, x^m \cdot y^{n-1}$$

最大，最小値の条件：微分値あるいは偏微分値 $= 0$

全微分：$z = f(x, y)$ のとき，

$$Dz = (\partial f/\partial x)dx + (\partial f/\partial y)dy$$

2. 対数

$\log(A \cdot B) = \log A + \log B$

$\log(A/B) = \log A - \log B$

3. 条件付極大・極小

$\phi(x, y) = 0$ の条件下で，関数 $f(x, y)$ の極大・極小値を求めるには，ラグランジュ関数　$L(x, y) = f(x, y) - \lambda\phi(x, y)$ とおき，$\partial L/\partial x = 0$，$\partial L/\partial y = 0$，$\phi(x, y) = 0$ を解く．

4. 最小二乗回帰曲線

2 変数間の関係を $y = a + bx$

と推定し，測定データ値を，x_i，y_i ($i = 1, 2, \ldots\ldots n$) とする．

$S = \sum_{i=1}^{n}(y_i - a - bx_i)^2$ とし，

$\partial S / \partial a = 0$, $\partial S / \partial b = 0$

を満たす a, b を求めると，与えられたデータを最もよく説明できる直線（回帰直線）が求められる．

a, b は次式で与えられる．

$a = \overline{y} - b\overline{x}$

$b = \sum_{i=1}^{n} (x_i - \overline{x})(y_i - \overline{y}) / \sum_{i=1}^{n} (x_i - \overline{x})^2$

ただし，

$\overline{x} = (1/n) \sum_{i=1}^{n} x_i$

$\overline{y} = (1/n) \sum_{i=1}^{n} y_i$

参 考 文 献

<初級レベル>
伊藤元重（2001）『入門　経済学』日本評論社.
釜江廣志・大塚晴之（2002）『マクロ経済学基礎演習』同文舘.
塩澤修平（2003）『経済学・入門』有斐閣.
多和田眞（2005）『コア・テキスト　ミクロ経済学』新世社.
福岡正夫（2000）『ゼミナール経済学入門』日本経済新聞社.
福田慎一・照山博司（2005）『マクロ経済学・入門』有斐閣.
家森信善・小川光（2001）『基礎からわかるマクロ経済学』中央経済社.

<中級レベル>
石井安憲編（2000）『現代ミクロ経済学』東洋経済新報社.
今泉博国ほか編（2001）『ミクロ経済学　基礎と演習』東洋経済新報社.
齋藤誠（2000）『新しいマクロ経済学』有斐閣.
武隈慎一（1989）『ミクロ経済学』新世社.
武隈慎一（1994）『演習ミクロ経済学』新世社.
西村和雄（2005）『ミクロ経済学』岩波書店.
H. ヴァリアン（佐藤隆三ほか監訳）（2000）『入門ミクロ経済学』勁草書房.
J. E. スティグリッツ（藪下史郎ほか訳）（2006）『ミクロ経済学』東洋経済新報社.
N. G. マンキュー（足立英之・石川城太・小川英治訳）（2005）『マンキュー経済学1・2』
　　東洋経済新報社.

<上級レベル>
H. ヴァリアン（佐藤隆三・三野和雄訳）（1986）『ミクロ経済分析』勁草書房.
O. J. ブランチャード・S. フィッシャー（高田聖治訳）（1999）『マクロ経済学講義』
　　多賀出版.
D. ローマー（堀雅博ほか訳）（1998）『上級マクロ経済学』日本評論社.

索　引

あ行

IS 曲線　74,82-84
アセット・マーケット・アプローチ　102-103
安定　24-26
インフレ・ギャップ　69
インフレ供給曲線　91-92
インフレ需要曲線　92-93
インフレーション・ターゲティング　113-114
NDP　63
NNI　63
LM 曲線　75-76,82-84
M1, M2, M3　73-74
オープンマクロ経済学　96

か行

外部効果　41,43
外部不経済・外部経済　43
価格規制　43-45
価格消費曲線　6-7
下級財　9
可処分所得　66
課税　44-45
寡占市場　34-37
加速度原理　108
貨幣供給（マネーサプライ）　73-74
貨幣需要　73
貨幣数量説　77
可変費用　11-13
完全競争　20
完全予見　95
企業物価指数　64
技術進歩　109

キチン　108
ギッフェン財　9
供給曲線　16-19
均衡所得　66,69-72
均衡成長　110
均衡予算乗数　72
金融政策　78-80
クールノー・ナッシュ均衡　35-36
クズネッツ　108
くもの巣の理論　24-26
クラウディング・アウト　79
景気循環　108-109
経済成長　109-110
ケインズ　74,89-90
ゲーム理論　34
限界消費性向　67
限界代替率　3
限界費用　11,14
ケンブリッジ方程式　77
公開市場操作　78
公共財　41
恒常所得仮説　66
恒常的成長　110
公定歩合政策　78
購買力平価説　101-102
効用　2
合理的予想（期待）　94-95
国際貿易　46
固定相場制　99
固定費用　11-12
コスト・プッシュ・インフレーション　87
コンドラチェフ　88

さ行

財政改革　78-80
三面等価　63
GNP　63
GNI　62-63
GDPデフレータ　62
GDP　62
Jカーブ効果　105-106
市場供給曲線　20-21
市場均衡　20-22
市場需要曲線　20-21
市場の失敗　41
自然失業率　91
自然成長率　109
実質GDP　62
私的限界費用　43
資本係数　109
社会的限界費用　43
ジュグラー　108
シュッタルベルク均衡　37
需要曲線　6-7
準備率操作　78
上級財　9
乗数効果　70-72
消費関数　66-67
消費者物価指数　64
所得効果　8
所得消費曲線　9-10
生産可能性曲線　46-47
製品差別化　37-39
総供給曲線　87-88
総需要曲線　87-88
総費用　11-12
損益分岐点　16-17

た行

代替効果　8
代替財　27
短期費用曲線　18-19
弾力性アプローチ　104
長期費用曲線　18-19
貯蓄・投資アプローチ　106-107
ディマンド・プル・インフレーション　87
デフレ・ギャップ　69-70
投機的動機　73
投資関数　68-69
独占市場　29-30,37-39
独占的競争　37-39
トービンのq　69
取引動機　73

は行

バブル　111
パレート効率　40-41
費用　11-13
費用曲線　11-13
フィリップス曲線　91
不完全競争市場　29
プラザ合意　111
不良債権　111
平均消費性向　67
平均可変費用　11-13
平均固定費用　11-13
平均費用　11-13
閉鎖点　16-17
変動相場制　96
貿易政策　50-53
貿易の三角形　48-49
補完財　27
保証成長率　109

ま行

マーシャル均衡　24-25
マーシャルのk　77

無差別曲線　2-3
モディリアーニ　66

や行

輸出補助金　52-53
輸入関税　50-51
予算制約線　3-4
予備的動機　73

ら行

ライフサイクル仮説　66
リスク　54-55
流動性制約　66
量的緩和　113
劣等財　9

わ行

ワルラス均衡　24-25

著者紹介

栗原　裕（くりはら　ゆたか）

愛知大学経済学部教授
名古屋市生まれ．神戸大学大学院経営学研究科博士後期課程単位取得．光陵女子短期大学国際教養学科専任講師，助教授を経て，愛知大学経済学部経済学科助教授，教授（2002年）．文部科学省メディア教育開発センター，名古屋大学高等研究院客員研究員などを併任．
専攻は国際経済学，国際金融論．
主要な著書に『EU通貨統合の深化と拡大』（中日新聞社），『グローバル時代のビジネス・政策デザイン』『知への作法』（有斐閣アカデミア）（以上いずれも単著），『Global Information Technology and Competitive Financial Alliances』（Idea Group Publishing：米国），『Studying the Japanese and World Economies』（朝日出版社）（いずれも共編著），『ポストビッグバンの金融システム』（千倉書房），『現代金融論講義』（中央経済社）（いずれも分担執筆）など．

経済学・宣言

2006年9月10日　第一版第一刷発行

　　　　　　　　　著　者　栗　原　　　裕
　　　　　　　　　発行者　田　中　千津子

印刷／新灯印刷（株）

発行所　〒153-0064　東京都目黒区下目黒3-6-1
　　　　☎ 03(3715)1501　FAX 03(3715)2012
　　　　振替　00130-9-98842
　　　　　　　　　　　　　　　株式会社　学文社

検印省略
ISBN 4-7620-1577-6

©2006 KURIHARA Yutaka Printed in Japan